A

Max Scharnigg

Die Stille vor dem Biss

Angeln
Eine rätselhafte Passion

Atlantik

Für meinen vier Meter großen Papa

*Atlantik-Bücher erscheinen im
Hoffmann und Campe Verlag, Hamburg*

1. Auflage 2015
Copyright © 2015 by Hoffmann und Campe Verlag, Hamburg
www.hoca.de www.atlantikverlag.de
Auszüge aus einigen Texten sind bereits in der *Süddeutschen
Zeitung* und im *SZ-Magazin* erschienen
Einbandgestaltung: Sarah M. Hensmann, © Hoffmann und Campe
Illustrationen: Monja Gentschow
Satz: pagina GmbH, Tübingen
Gesetzt aus der Charter
Druck und Bindung: GGP Media GmbH, Pößneck
Printed in Germany
ISBN 978-3-455-70008-4

Ein Unternehmen der
GANSKE VERLAGSGRUPPE

My biggest fear is
that my wife (when I'm dead)
will sell my fishing gear
for what I said I paid for it.

Anonym

Inhalt

Vorwort **11**
Aller Fang ist schwer **13**
Die Fischerprüfung **20**
Ausrüstung: Die Rolle **27**
Aberglaube **30**
Zeug & Zinnober **31**
Ausrüstung: Die Rute **35**
Verwicklungen **37**
Angelvereine **43**
Warum Angeln? Der erste Versuch einer Antwort **51**
Trevor Housby **55**
Alte Angler **60**
Ausrüstung: Die Schnur **61**
Der Schleiensee **63**
Gewürm & Gekreuch **67**
Wurmsuchen **71**
Anglertypen: Der Fliegenfischer **74**
Am Amazonas **77**
Frühes Aufstehen **79**
Das Publikum **80**

Brachsenfischen **87**
Warum Angeln? Der zweite Versuch einer Antwort **89**
Spielmaden **93**
Wie ich einmal Karpfenkönig wurde **96**
Anglertypen: Der Karpfenangler **100**
Fischwissen in der Bevölkerung **103**
Ausrüstung: Der Knoten **106**
Der letzte Wurf **109**
Der Sommer des Kometen **111**
Anglertypen: Der Allroundangler **117**
Warum Angeln? Der dritte Versuch einer Antwort **119**
Väter und Söhne **122**
Tragödien **125**
Die perfekte Frau **126**
Anglertypen: Der Stippangler **133**
Der kleine Königsfisch **135**
Aus einem bayerischen Angelforum **147**
Der kleine Waldsee **148**
Abschied vom Waldsee oder Die Zeit **158**
Möwen und andere Spötter **163**
Warum Angeln? Der vierte Versuch einer Antwort **168**
Selbstversorgung **171**
Der Eimer **185**
Das Outing **186**
Anglertypen: Der Spinnfischer **189**
Kutterangeln **192**
Glöckchen **196**
Ewige Passantenfragen **199**
Der Angelfreund **202**
Wenn ich ein Saibling wär **205**

Der Angelfilm **207**
Hunger **212**
Kleiner Fisch fängt großen **214**
Anglertypen: Der Welsangler **217**
Im Paradies **219**
Fliegen binden **225**
Ein Boot **230**
Ansichten **232**
In fremden Gewässern **234**
Mitangeln **240**
Die Riesenrenke **242**
Warum Angeln? Der fünfte Versuch einer Antwort **247**
Noch mal los **249**
Der letzte Tag **252**

Der Autor **255**

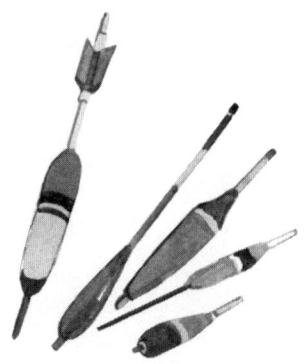

Vorwort

Eigentlich wollte ich an diesem Nachmittag nicht das Vorwort schreiben, sondern angeln gehen. Eigentlich will ich immer angeln gehen. Aber ich sehe, wie der Wind die Äste der Linden vor meinem Arbeitszimmer wackeln lässt, und ich weiß genau, dass dann auf dem See die Wellen Schaumkronen tragen, und kenne das Geräusch, mit dem mein Boot hart gegen den Steg schlagen würde, während ich es belade. Auf dem Wasser würde ich den Wind bei jedem Ruderschlag in den Ruderblättern spüren und hören, wie er in den gespannten Schnüren meiner Angeln singt, ein warnendes Lied. Und nach einer Stunde wäre ich ausgekühlt, weil die Millionen Kubikmeter Seewasser unter mir noch winterkalt sind, schließlich ist es erst Ende April. Also fahre ich heute nicht und schreibe das Vorwort.

Angler sind es oft auch nur in Gedanken. Es kann so viel dazwischenkommen. Heute ist es der Wind, im Sommer die Badegäste, dann gibt es Schonzeiten, Hochwasser und andere ungünstige Prognosen, und im Winter friert der Austragungsort einfach zu, und eine Angel sieht dann auf einmal so lächerlich aus wie ein Skianzug in der Wüste. Ich angle also oft einfach so, im Kopf, während ich eigentlich mit dem Rad durch die Stadt fahre und auf der Isarbrücke kurz anhalte, um einen Blick in den tiefen Gumpen zu werfen, in dem manchmal ein alter Bogenhausener Huchen steht. Wussten Sie das? Angler erkennt man daran, dass sie über keine Brücke gehen können, ohne wenigstens eine Minute andächtig in das Wasser unter ihnen zu blicken. Motorradfahrer haben diesen Blick, wenn sie einen kurvigen Bergpass sehen, Surfern reicht ein Bild von einem Strand, um in die Ferne zu schmachten. Zu allen guten Passionen gehört es wohl, dass ihre Anhänger gelegentlich etwas durchgeknallt wirken. Außenstehende mögen das belächeln, weil sich da jemand so offensichtlich in etwas verrennt. Aber eine Passion hat nichts Lächerliches an sich, im Gegenteil, wenn es eine gute Passion ist, beschäftigt sie ihren Menschen bis ans Ende des Lebens, sie hält ihn wach, lässt ihn fiebern und hoffen, Wünsche formulieren und Pläne fassen.

Eine Leidenschaft bewegt uns, deswegen sollte jeder eine haben, eine gute, anhaltende, wie sie das Angeln ist.

Aller Fang ist schwer

Es fängt wohl mit ein paar neuen Schimpfwörtern an. Ich lerne sie an diesem Morgen von meinem Vater. Er hat eine geliehene Teleskoprute in der Hand und eine Rolle, und auf der Rolle macht die Schnur einen Knoten, so groß wie eine Orange. Ein fürchterliches Durcheinander. Und mein Vater, ein Riesenmensch, Riesenfinger auch, müht sich seit einer halben Stunde, das Ende der Schnur zu finden oder die richtige Schlaufe, die aus dem Getüdel wieder eine schöne glatte Angelschnur macht. Wir wissen beide noch nicht, dass es diese Schlaufe niemals gibt.

Um uns herum stehen Angler, bei denen das alles problemlos funktioniert. Sie werfen aus, ihre Schwimmer stehen kerzengerade im Wasser, sie fangen Forellen. Jeder fängt hier Forellen, denn wir sind an einer Angelanlage in Tirol, wo meine Oma wohnt. In Deutschland ist so etwas Ende der achtziger Jahre noch verboten. Angelanlage funktioniert so: Morgens werden in den kleinen See Fische aus den Zuchtbecken nebenan geworfen, tagsüber fangen die Gäste sie heraus und zahlen einen hübschen Preis dafür. In einem Häuschen kann man die Angelruten und Köder leihen, und hinterher stehen die Gäste an einem langen Waschbecken und nehmen ihre Forellen aus, die alle genau gleich groß sind. Es ist eigentlich wie beim Fischhändler, nur mit etwas mehr Eigenleistung.

Während mein Vater die Rolle der Einfachheit halber in ihre Einzelteile zerlegt und dabei lautstark den einen oder anderen grundlegenden Konstruktionsfehler aufdeckt, streune ich an unserem Platz herum. Wie herrlich alles ist! Jeder Angelplatz hat eine Bank, der ganze See ist mit gehobelten Holzstämmen eingefasst, in seinem klaren Wasser spiegelt sich der Wilde Kaiser, und überall stehen die kleinen roten Köpfe der Schwimmer, wenn sie nicht gerade von einer Forelle unter die Oberfläche gezogen werden. Es ist immer noch Vormittag, von den Bergen kommt neue Luft. Ich bin an diesem strahlenden Kaisermorgen neun Jahre alt und trage einen Pullover mit einem Fisch, den mir meine Oma extra für den Ausflug gestrickt hat.

Es wird der einzige Fisch bleiben, den wir an diesem Tag abkriegen. Mein Vater und ich schaffen es, an dem Forellenteich keine Forelle zu fangen, eine Sensation, die ich erst heute so richtig ermessen kann. An dem Tag ist es mir aber ziemlich egal, ich versteh gar nicht genau, warum die Mama und die Oma später so enttäuscht die Hände ringen und alle über die leere Bratenform neben den Salzkartoffeln lachen. Ich hab doch wunderbare Sachen von unserem Angelausflug mitgebracht. Unter unserer Bank habe ich rostige Haken gefunden, ein paar Bleikugeln; sogar ein beinahe nicht kaputter Schwimmer hatte da gelegen und jede Menge Schnurknoten, die genauso aussahen wie die auf unserer Rolle. Diese Schätze habe ich sorgfältig gesammelt und in ein Kistchen gelegt, das nenne ich fortan mein Angelzeug.

Je öfter ich das Kistchen und seine Bestandteile in die Hand nehme und sortiere, desto dringender wird mein Wunsch, wieder an den See zu fahren. Schließlich, wenn schon auf unserem Platz so viele nützliche Dinge auf dem Boden lagen, was wäre zu finden, wenn ich ein bisschen größere Suchrunden drehen würde? Mein Vater will auch wieder hin. Er nimmt eines Tages, da sind wir schon wieder in der Stadt, beim Frühstück ein Stück Käse, schneidet es in kleine Würfel und behauptet, das sei ein guter Forellenköder. Das hätte er gelesen. Mama und ich finden das ungeheuer komisch, Käsewürfel für Fische! Die frühstücken doch gar nicht! Bei unserem ersten Besuch hatten wir Mais aus der Dose benutzt, was bei näherer Betrachtung eigentlich auch nicht weniger komisch war.

Das mit dem Käse müssen wir testen, also fahren wir ein paar Wochen später wieder hin. Wir sind auch schon ein bisschen bessere Angler. Mein Vater lässt sich an der Ausleihe eine andere Angelrute geben, dazu haben wir die professionellen Käsewürfel und gehen damit an eine neue Stelle, von deren Qualität wir uns das letzte Mal überzeugen konnten. Während mein Vater die Rute schwingt, beginne ich mit meiner Suche nach

Überbleibseln am Ufer und feiere die schönsten Erfolge. Offenbar muss das Forellenangeln hier die Menschen ganz schön anstrengen, wenn sie dabei nicht mehr auf ihre Sachen aufpassen können. Ich finde zwei zerzauste Fliegen, einen rostigen kleinen Blinker und ein Päckchen Vorfachhaken, in dem noch zwei neue Vorfächer drin sind. Ich kenne den Zweck und den Namen dieser Dinge nicht genau, aber es sind schöne erwachsene Sachen, und mein Angelzeug wächst von ganz allein. Mein Vater optimiert unterdessen seine Wurfkünste.

Das Auswerfen ist ja ein essenzieller Bestandteil beim Angeln. Es war mir beim letzten Mal gar nicht aufgefallen, dass unser Schwimmer immer nur ganz nah am Ufer gestanden hatte, während die anderen in der Seemitte fischten. Der Papa ist der stärkste Papa, den ich kenne, er würde problemlos über den See werfen können. In Wirklichkeit hat er aber die Schnur immer zu früh losgelassen, was zur Folge hatte, dass Schwimmer und Köder zwar enorme Höhen erreichten, dann aber senkrecht vor unseren Füßen ins Wasser klatschten. Jetzt geht es besser, unsere Käsewürfel vom Frühstückstisch baden schon deutlich im Nichtschwimmerbereich. Es sieht gut aus, ist aber auch ein bisschen langweilig, finde ich.

Nach zwei Stunden, in denen ringsherum im Minutentakt die Forellen aus dem Wasser gehoben werden, äußert mein Vater den Gedanken, die Angel und das Häuschen, in dem er sie ausgeliehen hat, zu zerhacken. Ich weiß gar nicht, warum er so sauer ist, es ist doch genau wie letztes Mal. Einer, der nahe genug steht, um die Drohungen mitzuhören, kommt zu uns und wedelt mit einer kleinen Tüte. Damit sollten wir es probieren, das würde uns hundertprozentig unsere Fische verschaffen. Er hält uns den Tüteninhalt unter die Nase, so etwas habe ich noch nie gesehen. »Leber!«, sagt der Mann und geht, seine Forellen zu putzen. Mein Vater verzieht das Gesicht, aber die Verzweiflung ist beträchtlich, deswegen schneidet er ein Stück der triefenden Leber ab und hängt sie zu dem Käsewürfel an den Haken. Mich wundert gar nichts, höchstens, dass die Forellen so viele unterschiedliche Speisen mögen.

Schon wiesele ich wieder hinter ihm herum, aber nicht lange, denn mit einem Schlag sehe ich nur noch einen hellen Schmerz und habe ein blitzendes Reißen am Kopf, das mich jäh aufheulen und zu Boden gehen lässt. In den nächsten Sekunden beugen sich mein Vater und die halbe Anlage über mich. Der Schmerz kommt von meinem rechten Ohr. Als ich die Hand wegnehme, geht ein Raunen durch die Runde. »Der Vater hat eam's Ohrwaschl ausgrissen!«, ruft einer. Der blutige Fetzen am Ohr ist aber nur die Leber und nicht das Waschl, der Käsewürfel ist mir derweil in den Pullover gefallen. Mein Vater hat mich beim Auswerfen also sauber durchs Ohrläppchen gehakt.

Der Betreiber der Anlage eilt mit Zange und Pflaster herbei und kneift den Haken ab, ein anderer schenkt mir eine halbvolle Dose Mais, die restliche Menge zerstreut sich. Ich heule vorsichtshalber noch ein bisschen, dann pule ich nach dem Käsewürfel im Pullover, aber der bleibt für immer verschwunden. Das ist bedauerlich, denn es ist unser letzter. Also gibt es nur noch Leber für die Forellen, die weiterhin nicht daran denken, uns zu erlösen.

Mir reicht's, ich baue aus einem Ast und den gefundenen Utensilien meine eigene Angel und halte sie mit einem Maiskorn ins Wasser. Beim Rausheben ist ein Fisch dran. Keine Forelle, irgendwas Winziges, das glitzernd zappelt. Wir springen vor Überraschung aus dem Stand zwei Meter nach hinten. Schließlich wagt mein Vater sich vor und entlässt das Fischchen wieder ins Wasser. Das ist er also, der Erste! Mein Vater inspiziert argwöhnisch den dünnen Ast und meinen Haken, mit dem solche Wunderdinge möglich sind. Dann zieht er seinen Schwimmer ein und platziert ihn neben meinem, an der Wunderstelle, zwei Handbreit vom Ufer entfernt. Aber das nächste Fischlein hängt wieder bei mir. Ein schaurig-schönes Gefühl, etwas Zappelndes an der Schnur zu haben. Es muss am Haken liegen. Der, den ich gefunden habe, war klein, der an der Leihangel hängt, hat etwa die Größe eines Enterhakens.

Gönnerhaft gebe ich meinem Vater den zweiten kleinen Haken aus meiner Schatzkiste. Er ködert einen neuen Batzen Leber an, wirft aus, und klatsch, die Leber landet ziemlich weit hinten im See, der Schwimmer ziemlich weit vorne. So geht es noch ein paar Mal, das Zeug hält einfach nicht am kleinen Haken. Es fängt an zu regnen, kein Berg spiegelt sich mehr im Wasser, Tropfen und Leberstücke prasseln leise auf uns nieder. Am Ende schenkt uns der Anlagenbesitzer zwei Fische, schließlich haben wir sie irgendwie schon bezahlt.

»Ich brauche meine eigene Angel«, sagt mein Vater noch auf dem Parkplatz. Für mich klingt das ungeheuerlich und etwa so, als würden wir uns eine Achterbahn in den Garten stellen.

»Ich auch«, melde ich vorsichtshalber an. Angelzeug habe ich ja schon. Und ein kleines Loch im Ohr.

Die Fischerprüfung

Wie die Dinge standen, mussten wir die Fischerprüfung machen. Ich rechne es meinen Eltern heute hoch an, dass sie mich, immerhin gerade mal zehn Jahre alt, wie selbstverständlich für den Vorbereitungskurs anmeldeten.

Sechs Samstage im Winter verbringen mein Vater und ich also in einem großen Wirtshaussaal und trinken warmes Spezi. Wir haben da hundert Lernbögen mit Fragen vor uns. Am Ende des Saals steht ein alter Mann mit Bart und spricht in ein Mikrofon über Schonzeiten und Merkmale der einzelnen Fische, erklärt die Lustbarkeiten der Gelbrandkäfer und welche Schnurstärke bei welchem Fisch angeraten ist. Er macht Witze, bei denen sogar ich als Kind merke, dass er sie jedes Jahr macht. Es riecht nicht so gut in diesem Saal. Viele der Männer haben Hüte auf und lachen an manchen Stellen laut. Ich bin froh, dass mein Papa dabei ist. Ich bin froh, dass wir beide gleichzeitig mit dem Angeln anfangen, auch wenn ich noch nicht weiß, dass so was selten ist.

Zu Hause fragen wir uns gegenseitig ab, und ich komme mir sehr erwachsen vor, weil ich manchmal die Sachen besser weiß als mein Vater. Ich lerne alles auswendig, es ist gar nicht so einfach, denn es sind wirklich viele Fische, die alle unterschiedliche Merkmale, Lebensräume und Laichausschläge haben. Mit meiner Kinderstimme lese ich laut vor:

»Schlammpeitzger besitzen die Fähigkeit zur Darmatmung.«

»Die Altersbestimmung beim Wels erfolgt am besten anhand von Kiemendeckeln und Gehörsteinchen.«

»In Bayern sind Schlingen, Abzugseisen, Reißangeln, Harpunen, Sprengstoffe und Schusswaffen nach der Landesfischereiverordnung beim Fischfang verboten.«

Es gibt sehr viele solcher Sätze, wir haben ein ganzes Buch, das nur aus solchen Sachen besteht. Mein Vater stöhnt, und ich bin so erwachsen, denke ich, es ist durchaus möglich, dass ich morgen einen Schnurrbart habe. Wie der dicke Hubert, der samstags immer neben uns im Schulungssaal sitzt und ganz besonders viel lacht.

Vom dicken Hubert lerne ich nebenbei eine Menge bayerischer Sachen, die gar nichts mit dem Angeln zu tun haben, die ich aber heute noch befolge, wenn ich mal im Wirtshaus sitze. Zum Beispiel, dass man Weißwürste immer in ungerader Zahl bestellt. Und dass man deswegen bei der Bestellung auch nie »Paar«, sondern immer »Stück« und vor allem zur Kellnerin Du sagen muss. »Bringst mir erst mal drei Weiße!«, so sagt der Hubert immer, wenn er sich hinsetzt, und dann lacht er gleich darüber, und die Kellnerin lacht auch. Einmal hat er solchen Hunger gehabt, da hat er fünf Stück bestellt, weil vier geht ja nicht wegen nur ungerade. Aber danach war er ein bisschen käsig, der Hubert mit dem Schnurrbart. Die Weißwürste isst er auf die einzige richtige Art, wie er sagt, und das ist eben nicht das Zuzeln, das in jedem Reiseführer steht. Er nimmt ein scharfes Taschenmesser aus seiner Hose, das er immer dabeihat, und schneidet die Haut wurstlängs ganz vorsichtig ein, aber nicht vollständig von Zipfel zu Zipfel, sondern nur dazwischen. Mit einer schnellen Bewegung zwischen zwei Fingern drückt er die Wurst dann aus der Pelle, sodass sie ganz unversehrt auf dem Teller landet. Wichtig ist, sagt der dicke Hubert, dass man das immer nur mit *einer* Wurst macht, die man dann gleich essen muss, während die anderen im warmen Wasser bleiben, man darf nicht gleich alle schälen, nein, Stück für Stück muss es sein. Ein anderer am Tisch sagt, dass man Aale auch so häutet wie Weißwürste, aber das sei nicht ganz so einfach. Ich sehe die nackten Weißwürste, die der dicke Hubert mit den Fingern nimmt und in den Senf taucht. Ich will lieber erst mal keine Aale fangen und denke, meinem Vater geht es ähnlich.

    Wir lernen gut. Am Tag vor der Prüfung gehen wir noch ins Fischereimuseum in der Münchner Fußgängerzone. Ich drücke mir die Nase an der Vitrine mit den »modernen Angelgeräten« platt, obwohl da nur ganz normale Schwimmer und Blinker ausgestellt sind. Aber der Gerätewahn meldet sich schon: Am liebsten würde ich gleich ins Angelgeschäft fahren, da war ich noch nie. Ich stelle es mir vor wie Disneyland, da war ich auch noch nie. »Erst mal die Prüfung«, sagt mein Vater.

Es ist ein Sonntag, an dem die Prüfung stattfindet. Niemand bestellt Bier, die Männer mit den Hüten schwitzen, man darf nicht abschauen, es wird aber doch abgeschaut. Eigentlich sind die meisten Fragen babyeinfach, genau wie in dem Buch, mit dem wir gelernt haben, und man muss nur richtig ankreuzeln. Der dicke Hubert sagt trotzdem immer »Omeiomeiomei!«, ganz oft hintereinander, erst lacht er noch danach, am Schluss aber nicht mehr.

Ich denke, man bekommt hinterher gleich einen Ausweis und darf losangeln. Niemand hat mir gesagt, dass es ein paar Wochen dauert, bis man weiß, ob man geprüfter Angler ist. Eine große Enttäuschung. Während ich warten muss, werde ich erfolgreich elf Jahre alt. Drei Wochen nach meinem Geburtstag ruft meine Mutter beim Prüfungsamt an und erhält die Auskunft, dass es noch eine Woche dauert, und sie stöhnt, es sei ja nicht für sie, sondern für einen kollabierenden Elfjährigen, der seit zwei Wochen täglich seine Angel griffbereit an die Tür stellt. Dann kommt ein großer Umschlag, und darin steckt eine Urkunde für mich, eine für meinen Vater. Wir sind geprüfte Angler, dem Schlammpeitzger sei Dank!

Leider kann man immer noch nicht losangeln. Das ist auch etwas, was ich eigentlich nicht einsehe. Es gibt ausgezeichnete Teiche in den Münchner Parks, gestapelt voll mit Karpfen, aber man darf sie nicht angeln. Es gibt einen Fluss, und wenn man ein bisschen weiter hinausfährt aus der Stadt, gibt es richtig große Seen, wo ich auch am Dampfersteg schon oft Angler gesehen habe. Aber für die braucht man noch mal eine eigene Erlaubnis, der erbüffelte Schein allein ist für gar nix gut. Und im Westpark, wo man die Karpfen streicheln kann, so dumm und dick treiben sie zwischen den Enten und fressen das Brot der Besucher, im Westpark ist Angeln immer verboten, egal mit welchem Schein.

Weil mein Vater auch ein bisschen ungeduldig ist, fahren wir erst mal wieder zu dem Forellensee, den wir schon kennen. Nach unserer Schlappe im letzten Jahr muss es diesmal besser gehen, schließlich sind wir mit Diplom und Schein, und eine Menge Ausrüstung haben wir jetzt auch. Es gibt im Keller eine Stelle, wo neuerdings unsere Angeln stehen, und da liegt immer eine neue Tüte vom Angelgeschäft, denn mein Vater kommt auf dem Rückweg von der Arbeit daran vorbei – ein glücklicher Umstand, der unser Geheimnis ist. Auf diese Weise bin ich auch in den Besitz eines richtigen Angelkastens gekommen, mit einem Verschluss, den man lösen muss, und dann klappen sich auf zwei Ebenen Fächer auf, es ist großartig. Der Kasten steht aber natürlich in meinem Zimmer unter meinem Bett.

Derart hochgerüstet kommen wir am Forellensee an, die Berge strahlen, und auf der Sonne liegt noch ein bisschen Schnee, oder umgekehrt, ich bin so nervös, dass ich kein Auge dafür habe. Es sind weniger Menschen da als sonst, aber die Forellen springen, keine zehn Meter vor unseren Füßen. Mein Vater hat einen Spezial-Forellenteig gekauft, den er an den Haken batzelt. Der Teig sieht ein bisschen verrückt aus, mit Glitzerflitter drin, und hat einen Geruch wie nichts, was man so kennt, wie Knoblauch und Zimt oder so. Wir dürfen nur mit einer Angel fischen und wechseln uns ab. Ich werfe aus, und sofort geht der Schwimmer unter. Zu viel Blei, denken wir, aber dann ruppelt es an der Rute, und die Spule der Rolle dreht sich in die falsche Richtung, nämlich Richtung See.

»Da ist einer dran!«, rufen mein Vater und ich gleichzeitig, und als hätte ich nie etwas anderes gemacht, fange ich meine erste Forelle. Stolz hebe ich sie aus dem Wasser und meinem Vater in die Arme, der sich seinen Schrecken nicht anmerken lässt. Während ich sehr intensiv aufs Wasser starre, versorgt er den Fisch. Über diesen, den blutrünstigen Teil haben wir nie so richtig gesprochen. Ich bin durchaus bereit, meinen Mann zu stehen, nur vielleicht nicht gleich beim ersten Fisch. Jetzt will mein Vater angeln. Auch sein Schwimmer geht sofort unter, gleiches Spiel, gleiche Forelle.

Irgendwie ist der Angelknoten geplatzt, wir fangen an diesem Tag sieben Satzforellen, und mein Vater flucht ganz schön, weil er für fünf Forellen extra bezahlen muss. Aber daheim ist das Hallo groß, und ich fühle mich am Abend erschöpft wie ein großer Fischer. Ich eröffne ein Fangbuch, weil ich gehört habe, dass ernsthafte Angler so ein Buch führen. In Anbetracht meiner großen anglerischen Zukunft versehe ich gleich mal die ersten zwanzig Seiten mittels Lineal und Bleistift mit ordentlichen Tabellen.

Ins erste Fach trage ich ein: 13. Mai 1991, Regenbogenforelle, 7, ca. 700 gr/St., Glitterteig. Besondere Vorkommnisse: Sie haben sehr schnell gebissen. Sogar bei Papa.

Ausrüstung

Die Rolle

Immer wieder taucht unter Anglern die Frage auf, was wichtiger ist, Rute oder Rolle. Nun, die Rolle ist zumindest ein wesentlich komplexeres Teil, das kann ich bezeugen, denn ich habe schon mal eine auseinandergebaut und nie wieder zusammengesetzt bekommen. Ein Getriebe aus Zink oder Aluminium, eine Bremse, die im Kampf mit dem Fisch die Schnur dosiert freigeben soll, jede Menge Kugellager und als wichtigstes Detail der Schnurfangbügel mit dem kleinen Röllchen, das die Schnur mit jeder Umdrehung der Kurbel und 1000-mal sauber aufwickelt.

Nichts ist ärgerlicher als eine Schrottrolle, und doch fängt jedes Anglerleben irgendwie mit einer Schrottrolle an, nichts zu machen. Man kauft sie vom Taschengeld, bekommt was geschenkt, im schlimmsten Fall eines dieser Einstiegsangelsets, die so manchem den Einstieg eher erschwert als erleichtert haben.

Eine gute Rolle fängt bei etwa 70 Euro an, sie schnurrt, wenn man die Kurbel kurz andreht, läuft weich und wickelt die Schnur sauber auf. Die besten kommen natürlich aus Japan, kleine funkelnde Wundermaschinen, die bis zu 1000 Euro kosten können – und dann oft die Vitrinen gar nicht verlassen.

Ohne die Rolle könnte der Angler seinen Köder nicht auswerfen, ohne ihr Schnurmanagement gäbe es ständig Verwicklungen. Die gibt es allerdings durchaus auch mit Rolle, egal welcher Güteklasse. Gerade am Anfang gehört das, was die Fachliteratur »Perücke« nennt, zum Angeln dazu. Der bayerische Volksmund nennt das Ärgernis »Wurling«, der Norddeutsche »Getüdel«, wie auch immer – es muss durchlitten werden. Die Ursachen sind ebenso vielfältig wie das Entwirren eines Schnursalats mühsam ist, wenn nicht gar unmöglich. Eine Schlaufe, ein nicht bemerktes Fallenlassen einer Wicklung beim Auswerfen und zehn andere Pannen, die dem Geübten nur selten passieren, dem Anfänger aber ziemlich oft, schon türmt sich über der Rolle ein gordischer Knoten, bei dem meistens nur noch Abschneiden hilft.

Es gibt etliche Arten von Rollen: Der Fliegenfischer nimmt eine simple Spule, von der er beim Wurf mit der Hand die Schnur abstrippt. Eine Multirolle hat keinen Bügel und eine Querspule, sie gibt die Schnur auf Tastendruck frei, was besonders bei der Fischerei im Meer und auf kampfstarke Fische angeraten ist. Die Stippangler, eine besondere Anglerspezies, die in Großbritannien, den Niederlanden und Norddeutschland verbreitet ist, haben gar keine Rolle, sie binden die Schnur an die Rutenspitze und benutzen bis zu dreizehn Meter lange Ruten, um den Köder auf Abstand zu bringen. Das ähnelt dann wieder der Fischerei, die viele als Kind und intuitiv betreiben, mit einem Stock und einem Bindfaden.

Aberglaube

»Blesshühner bringen Unglück«, sagt mein Vater. Er hat die Pfeife aus dem Mund genommen, starrt auf die Schilfkante des kleinen Sees, der in der Anglerkarte als »Karpfenstein« geführt wird, obwohl weder Stein noch Karpfen zu sehen sind. Da ist ein Blesshuhn, das sich gerade ruckend aus dem Schilf schält. Er sagt es voll finsterer Überzeugung, und seit diesem Tag gilt es für uns so. Blesshühner an der Angelstelle bringen Unglück. Haubentaucher bringen Glück. Enten sind neutral, weil eben Enten. Das Dumme ist: Es gibt viel mehr Blesshühner als Haubentaucher.

Zeug & Zinnober

Ich denke, Angeln ist die Freizeitbeschäftigung mit dem höchsten Materialaufwand. Natürlich kostet eine Segelyacht mehr, aber was die schiere Menge an unterschiedlichen Utensilien angeht, ist Segeln dagegen die reinste Übung in Minimalismus. Und die Angelausrüstung ist nie komplett. Am ehesten kann man den Gerätewahn des ernsthaften Anglers mit dem Einrichten einer eigenen Werkstatt vergleichen: Zu beachten sind viele unterschiedliche Disziplinen und Techniken, die alle eigene Systeme benötigen, und dazu jeweils Hunderte hochspezielle Kleinteile, und die dann noch mal in allen Preisklassen und von etlichen Anbietern. Es gibt einen großen Angelversandhändler namens Gerlinger, dessen armdicker Jahreskatalog bringt es auf tausend engbedruckte Seiten, und da ist noch nicht mal alles drin. Vielleicht macht das die Ausmaße der Verlockung deutlich, mit denen ein ernsthaft Infizierter zu kämpfen hat.

Es mag sein, dass es noch Angler gibt, die genügsam

mit einer kleinen Tasche und den beiden immer gleichen Ruten ans Wasser gehen, und sehr wahrscheinlich sind das erfolgreiche Angler, weil sie Wert auf das Wesentliche legen und nicht auf den Zinnober. Aber das Gros hat sich nach und nach von den Gebetsmühlen bzw. Gerätsmühlen der Angelmagazine und von den immer größeren Geschäften überzeugen lassen und braucht für die Mobilmachung seiner Ausrüstung mindestens einen Kleinbus – was umso erstaunlicher ist, als die meisten Sachen ja sehr klein sind.

Man kann diesen Fetisch beklagen, und mein Konto tut das auch in regelmäßigen Abständen, aber ich habe die Gerätesammelei längst als eine weitere liebenswerte Eigenheit des passionierten Anglers erkannt. Ich glaube wirklich, dass ein nicht geringer Teil der Faszination in diesem Horten von Sachen liegt, im Ausgerüstetsein für jede Situation. Ich habe zum Beispiel eine hervorragende und nahezu komplette britische Barbenausrüstung in meinem Zimmer stehen, ergänze alle paar Wochen wie ferngesteuert das eine oder andere, zuletzt eine besonders abriebfeste Schnur, die an den scharfkantigen Steinen, zwischen denen die Barbe auf Grund steht, nicht aufreibt. Die Rute ist ein wunderbares Stück, *made in Scotland*, mit einer sehr sensiblen Signalspitze, die aber gleich in ein richtig hartes Rückgrat übergeht, optimal für ihren Zweck, denn Barben sind stramme Kämpfer. Nun, die Ausrüstung ist toll, die Sache ist nur, dass ich noch nie Barben angeln war. Es wird in naher Zukunft auch nicht dazu kommen, denn ich habe keinen Zugang zu einem Barbengewässer, mir fällt nicht mal eines ein. Aber es gefällt mir ungemein, dass ich alles dafür hätte.

Angeln ist also markttechnisch eine wirklich interessante Sucht, der ganze Kapitalismus lässt sich damit kinderleicht erklären: Immer wenn nichts beißt, schiebt es der Angler irgendwann auf seine Ausrüstung. Die Fische stehen vielleicht weiter draußen? Neue Rute muss her. Die Fische sind sehr scheu hier? Alles – Schnur, Haken, Bissanzeiger – wird noch mal in feiner Ausführung gekauft. Die anderen Angler fangen hier Zander, während ich mit meinem Hechtzeug da stehe? Auf zum Laden und in die Zanderabteilung! Und so weiter. Die Optimierung ist der Grundmodus des Angelns, und sie führt eben allermeistens auch ins Angelgeschäft.

Dazu kommt, dass die vielen unterschiedlichen Fliegen fürs Fliegenfischen, eine tolle neue Rolle oder die tausend verrückten Kunstköder-Varianten eben auch den Sammelimpuls bedienen, der bei vielen Menschen und insbesondere wohl Männern irgendwo angelegt ist. Ich besitze etwa zweihundert Wobbler, verteilt auf zwanzig Kisten. Gehe ich mit denen los? Nein, wäre ja logistisch gar nicht möglich. Ich nehme zum Fischen eigentlich immer nur die gleichen zehn Wobbler. Niemand braucht wirklich zweihundert Wobbler, schon gar nicht die Fische. Aber es beruhigt mich einfach sehr, sie zu besitzen, ich hüte sie wie eine Schafherde. An manchen Abenden, wenn ich aus der Redaktion komme und ein bisschen Trost brauche, schaue ich in meine Wobblerkisten, nehme einen heraus, halte ihn, lege ihn wieder zurück, und zwar in einer Weise, dass die Madame eifersüchtig wird. Ja, sie hat recht, es könnte Liebe sein.

Wenn ich, das gehört zu den schlimmsten Momenten im Leben eines Wobblervaters, einen Hänger habe und den Wobbler unter Wasser an einem Hindernis abreiße, betäube ich den Schmerz, indem ich zwei Wobbler nachkaufe. Die Industrie reagiert auf diesen Reflex mit rasant steigenden Preisen. Vor zwanzig Jahren noch, als es kaum fünfzehn verschiedene Wobbler auf dem Markt gab und nur zwei namhafte Hersteller, legte man zehn Mark für einen hin und wurde schon schräg angesehen. Heute gibt es handgemachte, signierte und speziallackierte Modelle aus Schweden oder Japan, die bis zu 80 Euro kosten.

Ich bin zum Glück nicht der Einzige. Es gibt heute genug Foren im Netz, in denen mehr über die Geräte, die Vorzüge einzelner Firmen und neuerdings auch über die optischen Qualitäten dieser und jener Rolle oder Rute diskutiert wird als über das eigentliche Angeln. Und es gibt folgerichtig Geräte, die kauft man, um sie zu haben, und nicht, um mit ihnen zu fischen.

Das ist für den Außenstehenden bestimmt kaum nachvollziehbar, aber das macht nichts. Es genügt, aus dieser kleinen Erklärung mitzunehmen, dass eine wichtige Komponente beim Angeln darin besteht, überflüssigen Besitz anzuhäufen und zu verwalten. Und egal, wie gut man ausgestattet ist: Irgendwas fehlt am Wasser immer.

Ausrüstung

Die Rute

Die eigentliche Angel ist keine besonders komplizierte Gerätschaft. Ein gerollter, sich verjüngender hohler Stock, heute meist aus Kohlefaser, an den Ringe gebunden sind, ein Korkgriff mit einem Schraubhalter, an dem man die Rolle befestigt – fertig ist die durchschnittliche Angelrute. Sehr versierte Angler bauen ihre Ruten selber, eine schöne Winterbeschäftigung. Damit man nicht immer mit Drei-Meter-Lanzen hantieren muss, sind die meisten Ruten in der Mitte teilbar oder sogar ganz teleskopierbar, wobei die Teleskoprute so ein bisschen das Schmuddelkind der hochgerüsteten Anglerschaft geworden ist, sie gilt als nicht ganz salonfähig und eher als Kennzeichen von Urlaubsanglern.

Für jede Angelart gibt es eine spezielle Rutenart. Die letzten zwei Jahrzehnte haben der Rute noch mal einen ganz neuen Stellenwert verschafft. Heute suggerieren die Kataloge, dass jeder Köder, jedes Gewässer, jedes Wetter eine eigene Rute braucht. Man kauft also eine Friedfischrute und unterscheidet dann noch mal, ob sie für Stillwasser, kleinen Fluss oder großen Fluss benötigt wird und für weite oder nahe Entfernung, harte oder weiche Aktion, und noch zehn andere Spezifikationen. Und dann hat man die Auswahl unter zig verschiedenen Herstellern. Das ist eigentlich Unsinn, wie gerade die alten Angler nicht müde werden festzustellen, die seit jeher mit zwei Universalruten auskommen. Sie haben vermutlich ausnahmsweise recht, aber es ist ein nicht zu verachtendes Vergnügen, sich in Kataloge und Materialdetails zu vertiefen und einen Rutenwald zu züchten.

Gerade in Zeiten, in denen man wenig ans Wasser kommt, wird man besonders anfällig für die interne Aufrüstung, und es ist faszinierend zu beobachten, wie mit immer neuen Materialien versucht wird, noch ein paar Gramm weniger Gewicht oder ein bisschen mehr Stabilität aus den Fasern zu pressen. Ich habe eine Schwäche für britische Ruten, sie haben so etwa die Eleganz englischer Sportwagen und einen Touch Sentimentalität. Aus gutem Grund hat der japanische Angelkonzern Daiwa ein Werk in Schottland gekauft und lässt dort Ruten nach bester britischer Tradition fertigen. Japanisches Hochleistungsmaterial mit englischen Manieren – eine elektrisierende Mischung, nicht wahr?

Die Rute ist natürlich das Hauptmerkmal des Anglers, sie wird im Laufe der Jahre zu seinem verlängerten Arm, ihr Korkgriff dunkelt immer weiter nach, bis er irgendwann aussieht wie eine alte Baumrinde. Wenn es so weit ist, kennt man als Angler jede Pore dieses Griffs – und spürt durch ihn jeden Zupfer eines Fisches.

Verwicklungen

Meine Eltern sind umgezogen, und wir Kinder mussten mit. Raus aus der Stadt, ins Umland, wo es Blick auf die Berge, einen großen See und leider auch eine neue Schule für mich gibt. Weil das mit der Schule und den verlorenen Kumpels aus der Stadt so eine Frechheit ist, verspricht mir mein Vater, dass wir dafür gleich in einen Angelverein eintreten und die Sache mit der Angelei richtig machen, also nicht immer nur mit Tageskarten irgendwo rumsitzen oder am Forellensee. Direkt oberhalb der neuen Gemeinde, in die wir gezogen sind, ist eine kleine Seenplatte mit fünf großen und kleinen Weihern, und an jedem gibt es ein Schild, auf dem der Name des Weihers steht und dass das Angeln nur Mitgliedern des Fischervereins »Petri Heil 1898« erlaubt sei.

Eine Woche später stellen wir uns dort vor, das heißt, ich lasse meinen Vater die Anbahnung machen und zeige nur stolz mein Prüfungszertifikat. Es gibt eine Jugendgruppe, die sich einmal im Monat trifft, und der

Leiter heißt Kiki, so viel verstehe ich. Wir bekommen unsere Angelkarten. Bisher hatten wir nur Tageskarten, jetzt sind die Scheine ein ganzes Jahr gültig, das ist natürlich was anderes! Weil ich so stolz darauf bin, schenkt mir die Mama eine richtige Passhülle: auf der einen Seite mein Fischerschein, auf der anderen die Jahreserlaubniskarte, dazu noch ein Merkzettel mit den Mindestmaßen und Schonzeiten und eine kopierte Landkarte mit allen Gewässern, die unser Verein bewirtschaftet.

Am nächsten Tag stehen mein Vater und ich oben und angeln, was das Zeug hält. Wir sind schon wieder ein bisschen bessere Angler als nach der Fischerprüfung. Jeder hat zwei Angelruten, und wir haben gelernt, wie man eine Montage macht. Montage nennt sich das ganze Fitzelzeug bis zum Haken, also Blei, Wirbel, Vorfach und was man sich noch so ausdenken kann. Im Angelladen haben sie meinem Vater außerdem ziemlich viel verrücktes Zeug verkauft, er kam eines Abends mit zwei Tüten voller hochinteressanter Kleinteile an. Leider hat er bei der Hälfte schon wieder vergessen, was der Angelhändler dazu erklärt hat. »Kann ja wohl nicht so schwer sein«, sagt er, und das finde ich auch.

Wir wissen nicht genau, was für Fische eigentlich in den Weihern sind. Der Anglerchef, der uns in den Verein aufgenommen hat, hatte gesagt: »Eigentlich alles.« Wir wissen noch nicht, dass das die Vorstände von Angelvereinen immer sagen und dass »eigentlich alles« übersetzt so ungefähr bedeutet: Seht halt zu, was ihr fangt.

Also, wir angeln. Gegenüber auf der anderen Seite sitzt noch einer, und wir merken, dass der ziemlich viel Ausrüstung hat, die uns noch fehlt: Rutenhalter, auf denen er seine Rute ablegt, einen Stuhl, der die gleiche Farbe hat wie der Busch, vor dem er sitzt. Wenn er auswirft, macht es ganz fein »Huiiiiii«, und der Schwimmer saust bis in die Mitte des Weihers und stellt sich kerzengerade auf. Das sieht schön aus, genau wie in den Angelheften, die ich schon so oft gelesen habe, dass sie auseinanderflattern. Unsere Schwimmer dagegen sind ein bisschen verkorkst, sie stehen viel zu hoch aus dem Wasser, und beim Auswerfen kommen wir damit kaum zehn Meter weit. Wir nehmen Mais aus der Dose als Köder, denn Mais, das haben wir gelernt, ist ein Allroundköder für Friedfische. Die scheinen uns für den Anfang auch sicherer als Raubfische.

Aus irgendeinem Grund, den ich nicht kenne, finden wir Schleien toll. Vielleicht, weil der Mann vom Vorbereitungskurs so besonders bildlich über die Schleie gesprochen hat, wie schön sie wäre, mit ihren roten Augen und den winzigen goldgrünen Schuppen. Außerdem ist April, also Schleienzeit. Aber es beißt keine Schleie auf unseren Mais. Es beißt überhaupt nichts. Stattdessen treibt der Wind die Schwimmer immer gleich wieder ans Ufer.

Beim nächsten Wurf fällt der Schwimmer gar nicht ins Wasser, sondern bleibt im Baum über mir hängen. Ich rucke daran, aber der Schwimmer kommt nicht mehr runter, der Haken hängt fest an einem kleinen Ast. Der Angler auf der anderen Seite schaut uns sehr interessiert zu. Mein Vater, der um die vier Meter groß ist, versucht es, aber auch er kriegt das Zeug nicht frei. Ich klettere auf seine Schultern, wir sind eine schwankende Menschensäule, der Schwimmer tanzt über meinem Kopf, ich sehe drei Maiskörner an der Rinde. Wir wackeln ein bisschen, mein Vater strauchelt auf dem weichen Uferboden. »Noch etwas nach vorne«, rufe ich. Er geht einen Schritt und steht mit einem Fuß im Weiher, weil da gar kein Ufer mehr ist, sondern schon Wasser. Klatsch, macht es von unten, und ich habe das Gefühl, ich würde nach vorne abgeworfen, aber er packt mich gerade noch an den Beinen. Der Ruck hat die Schnur befreit, der Schwimmer ist wieder frei. Mein Vater macht einen hektischen Schritt aus dem aprilkalten Wasser, und dann gibt es ein Geräusch, das wir noch gar nicht kennen. So eine Art Knacken, das daher kommt, dass mein Vater auf die Angelrute getreten ist, die am Boden liegt. Angelruten sind nicht sehr stabil. Mein Vater macht mit mir auf der Schulter einen Satz, auf den jedes Springpferd stolz wäre, bei der Landung kickt er die Maisdose ins Wasser. Ich heule ein bisschen, weil es meine Angelrute war. »Du bist draufgetreten!«, sage ich böse. »Wir sind beide draufgetreten, du warst auf meinen Schultern, nur deswegen war ich so schwer«, verteidigt er sich. Da ist was dran, denke ich. Aber er verspricht, gleich nächsten Samstag wieder in den Angelladen zu fahren.

Ein paar Tage später stehen wir im Geschäft. »Wir kaufen nur *eine* neue Rute«, sagt mein Vater auf der Fahrt. »Und so einen Huiiiiii-Schwimmer«, sage ich.

Ich habe Taschengeld dabei und letzte Reste vom Geburtstagsgeld. Das Angelgeschäft liegt in der nächsten Stadt, das heißt nicht in der Stadt, sondern am Rand, neben einer Hundeschule und einem Platz, wo die Lastwagenfahrer ihren Führerschein machen, so hat das mein Vater gesagt. »Servus!«, sagt der Mann vom Angelladen, offenbar erinnert er sich an meinen Vater, denn er drückt ihm gleich einen Korb in die Hand.

So ein Angelgeschäft ist eine herrliche Sache. Es gibt einen ganzen Wald aus Angelruten, präparierte Hechte mit unheimlich vielen Zähnen, und es riecht wirklich abenteuerlich, so ähnlich wie im Zoo in manchen Tierhäusern. Der Mann fragt uns, was wir brauchen. »Eine Angelrute für ihn, nix Besonderes«, sagt mein Vater, und ich merke genau, dass es so klingen soll, als hätten wir schon Hunderte gekauft. Worauf wir denn fischen würden, fragt der Mann. Man fischt *auf* etwas, das wissen wir schon. »Schleie!«, sage ich. Die Augen des Mannes leuchten. Dann hält er uns einen Vortrag darüber, wie vorsichtig die Schleien sind, die hiesigen, oberbayerischen Schleien ganz besonders, und er selbst, sagt er, hätte ja zuletzt zwei Wochen vergeblich auf sie gefischt, bis er es endlich richtig angegangen wäre.

Bei diesen Worten sind wir im Rutenwald angekommen, er zieht eine Rute aus dem Halter und drückt sie mir in die Hand, mit dem Hinweis, ich solle vorsichtig sein. Er hat jetzt eine ganz leise Stimme und sagt: »Feinster Kork, englische Aktion, federleicht, aber so kräftig, dass auch ein Karpfen beißen kann.« Letzteres ist beim Schleienangeln ständige Gefahr, wie wir im Rahmen einer nächsten, selbsterlebten Geschichte erfahren. Mein Vater schwippt die Rute probehalber in der Hand.

»Tja«, sagt er. Und als er das Preisschild sieht, setzt er hinterher: »Ob es wirklich so ein Wundergerät sein muss, was meinst du?« Er sieht mich an, und seine Augen signalisieren, dass das gar keine wirkliche Frage war. Verstehe ich natürlich sofort. »Die ist prima«, sage ich. Der Angelhändler nickt.

Wir kaufen die Rute. Ich darf aber nichts davon zu Hause sagen.

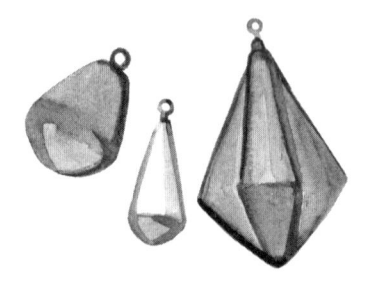

Angelvereine

Ich war in meinem Leben schon Mitglied in etlichen Angelvereinen und bin aus allen wieder ausgetreten. Das ist so eine Sache. Eigentlich bin ich nicht gerne in Vereinen, aber nicht weil ich glaube, sie seien ein Ort des Stumpfsinns und der Provinzialität. Meine Straßenbahn ist das schließlich auch gelegentlich. Nein, ich bewundere die Arbeit der Vereine, die mit viel Hingabe einen kleinen Kosmos aufbauen, in dem man alt werden kann. Sie fahren mit den Kindern ins Zeltlager, stellen beim Stadtfest eine Losbude auf, und wenn man stirbt, setzen sie sich in Bewegung und sorgen dafür, dass der Friedhof anständig gefüllt ist, weil schließlich einer aus ihrer Mitte dort jetzt neu liegt. Das sind unschätzbare Dienste, die gerade einem Stadtbewohner irgendwann einmal abgehen werden.

Vereine sind organisierte Passionen, und vielleicht ist es das, was mich immer wieder hinaustrieb. Das Fischen braucht einerseits überhaupt keine Gruppe und keine Geselligkeit. Andererseits sind die allermeisten Gewässer, zumindest in Bayern, in Vereinshand und damit nicht zugänglich für einen freigeistigen Angler. Man wird also notgedrungen doch Mitglied, wenn man in dem Fluss vor der Tür, in dem Baggersee am Ortsrand fischen dürfen möchte. Dann bekommt man eine Jahreskarte und den Hinweis, sich beim Fischerfest und bei der Weihnachtsfeier und bei der Jahresversammlung, dem Schafkopfturnier und beim Anfischen der Jugendgruppe einzufinden. Weil Verein ist nur, wenn an einem Samstagmorgen irgendwo sehr viele Autos parken, deren Besitzer in Hinterzimmern Weißbier trinken und palavern. Vielleicht haben mich die Gasthofhinterzimmer vertrieben, auch wenn man die natürlich meiden kann. Irgendwie holen sie einen aber doch immer ein.

Deswegen hier ein Schnellkurs in Sachen Angelverein, damit sich jeder vorstellen kann, was ihn dort erwartet. Ähnlichkeiten mit real vor sich hin dümpelnden Vereinssitzungen sind rein zufällig.

Die Jahreshauptversammlung

Findet immer zeitig nach Jahresbeginn statt, meistens liegt im großen Wirtshaussaal noch das Silvesterkonfetti rum. Die Tische sind zu langen Reihen zusammengeschoben, was den Eindruck erwecken soll, alle säßen am gleichen Tisch. Stimmt aber natürlich nicht. Die Alten hocken immer links vorne im Eck, diejenigen, die auch bei der Feuerwehr sind, in der Mitte, die jungen Profis haben sich strategisch rechts neben dem

Rednerpult versammelt, um mal einen kernigen Zwischenruf loszuwerden, und die Masse derjenigen, die keine Rolle im Verein spielen und auch nicht spielen wollen, drückt sich irgendwie so im Mittelfeld herum. Dazu marodieren jede Menge ungewaschener Kinder durch den Saal, die erstaunt sind, dass sie mal was mit Papa alleine machen. Man bestellt Bier, wegen Gruppenzwang, die Alten verzehren auch immer irgendwas mit Kraut und kennen die Kellnerin beim Vornamen. Den Vorstand erkennt man daran, dass er als Einziger eine Krawatte trägt. Er fasst in einfachen und meistens etwas zerzausten Worten das letzte Jahr zusammen, erwähnt dabei immer die gleichen drei Sachen: das gelungene Freundschaftsfischen, die aufopferungsvolle Bereitschaft einiger weniger und dass er die Fangbücher durchgesehen habe und man, ja doch, im Großen und Ganzen zufrieden sein könne mit den Fangergebnissen. Dabei kommt es zu den ersten ins Bierglas gemurmelten Unmutsbekundungen aus dem Saal. Neuigkeiten gibt es meistens keine, Wortbeiträge auch nur von dem einen überengagierten (alle ins Bierglas: »Der is Lehrer!«) Neuling, der wissen möchte, ob man nicht einen E-Mail-Verteiler einrichten könne, um sich übers Jahr besser auszutauschen? Der Vorschlag fällt einstimmig, aber ohne weitere Begründung durch. Dann wird der Vorstand nach Vereinsrecht entlastet und mangels Alternativen sogleich wiedergewählt, nur der Kassenwart ist unglücklicherweise immer verstorben, und interimsweise muss die Gattin des Vorstands einspringen. Das ist auch die, die zum Fischerfest alle

Kuchen backt und verkauft, und überhaupt diejenige, die eigentlich den ganzen Verein stemmt. Meistens gibt es dann noch ein Dauer-Unmuts-Thema, zum Beispiel irgendeinen Kanalbau, Hochwasser, die Kormorane oder ungeklärte Zufahrtswege entlang der Flussstrecke. Das bringt wahlweise einer der Jungen oder Alten vor, und zwar so, als stünde er vor dem Jüngsten Gericht, in geziertem Hochdeutsch. Sogleich entspinnt sich eine verbale Saalschlacht ohne Hochdeutsch, bei der sich kluge Argumente und blinde Schimpferei ungefähr die Waage halten. Das Ganze wird vertagt. Dann gedenkt man der Verstorbenen, und die Neumitglieder werden begrüßt, die etwas windschief aufstehen und nach allen Seiten Kratzfuß machen. Während schließlich die Jahreskarten ausgegeben werden (der Grund, warum 95 Prozent der Anwesenden hier sind), wird am Tisch der Alten so richtig losgezecht und über den Vorstand im Speziellen, die modernen Zeiten im Allgemeinen geschimpft.

Der Arbeitsdienst

Am Anfang des Jahres bezahlt man dem Verein einen Haufen Geld, dafür bekommt man zwar einen Jahresfischereischein, aber auch den Befehl, sich für zehn bis zwanzig Stunden Arbeitsdienst bereitzuhalten. Diese Dienste finden meistens an den Samstagen statt und enden natürlich, bevor Fußball anfängt. Das ist ein bisschen unglücklich, wenn man sich die Schar derjenigen vor Augen hält, die dank Beruf und Familie ohnehin kaum Zeit zum Fischen haben und am einzigen freien Samstag dann stattdessen zum Arbeitsdienst gehen müssen. Ich habe Leute getroffen, die sind so über die Jahre ganz vom Fischen abgekommen, haben aber eine urtümliche Lust am Sägen, Schlammpumpen und Fischbesetzen entdeckt. Solche Typen gibt es in jedem Verein. Wer keine Arbeitsdienste absolviert, muss am Jahresende eine empfindliche Ausfallgebühr bezahlen und gilt im Verein als Schmarotzer, der nur fischen will.

Bei den Arbeitssamstagen geht es meistens darum, Haselnusssträucher am Uferrand zu stutzen, Stege zu bauen, Fische zu besetzen oder alte Fahrräder aus dem Teich zu holen, weil dort Fahrradfahren verboten ist. So ein Dienst kann eine vergnügliche Sache sein, vor allem für Menschen, die es nicht gewohnt sind, in der Natur und mit ihren Händen nützliche Dinge anzurichten. Allerdings verzögert genau das die Sache auch meistens, was aber allen egal ist, schließlich wird man nicht nach Ergebnis bezahlt, sondern muss einfach nur die Stunden abtrödeln. Am Ende wird meistens in der Fischerhütte eine sogenannte zünftige Brotzeit serviert, an die man schon sehr lange vorher das erste Mal gedacht hat. Ist aber auch wunderbar, da zu sitzen und auf zehn Meter freigeschnittenen Uferweg oder einen halben Steg zu blicken, den nächsten Samstag irgendjemand fertig baut. Hoffentlich.

Das Freundschaftsfischen

Früher gab es in allen Vereinen ständig Wettbewerbe, bei denen jeder Fisch niedergeknüppelt und zur Waage geschleppt wurde. Das ist mittlerweile verboten, zu Recht. Heute kann jeder Verein einmal im Jahr ein Wettfischen abhalten, das aber nicht mehr so heißen darf. Es heißt jetzt Freundschafts-, Hege- oder Königsfischen und dient angeblich dem Vereinswohl und der Geselligkeit. Meistens wird es am Hauptgewässer des Vereins ausgetragen, wo dann ab fünf Uhr früh ein Bierzelt samt dröhnendem Generator für romantische Stimmung sorgt. Jeder Angler holt sich einen Meldeschein, manche Vereine losen auch die Plätze unter den Kombattanten aus, und dann – wird geangelt.

Für einen Frühspaziergänger muss das ein seltsames Bild sein, wenn er mitten im Wald auf hundertfünfzig Angler trifft, die rund um den See hocken und verbissen nach rechts und links schielen, um die Taktik des Kollegen zu erahnen. Ganz zu schweigen davon, was die Fische denken, wenn sie sich auf Hupsignal hin von ein paar hundert Ködern bombardiert sehen. Es wird dann auch immer legendär wenig gefangen bei diesen gemeinsamen Angelveranstaltungen, so wenig, dass die meisten Vereine mittlerweile vorher ein paar Gnadenforellen und -karpfen einsetzen. Allerdings gibt es auch immer einen oder zwei Kandidaten im Verein, die schon eine Woche lang heimlich angefüttert haben und einen Tobsuchtsanfall bekommen, wenn sie nicht auf ihren Platz gelangen und ein anderer sich über den

Fischsegen freut. Meistens kriegen sie aber ihren Platz und auch den Pokal, der am Ende an den vergeben wird, der am meisten Fisch auf die Waage legen kann. Das Misstrauen ist generell groß: Von jedem Fischerkönig nehmen die anderen vorsichtshalber an, er habe eben angefüttert.

Eine sehr sportliche Veranstaltung, so ein Königsfischen. Fehdenspinner und Geheimniskrämer kommen dabei voll auf ihre Kosten. Der eine fängt mit einem streng geheimen Teig zwei Karpfen, der andere wechselt seine Köder, sobald beim Nachbarn was gefangen wird. Weil alle so ungewohnt nah nebeneinandersitzen, gibt es auch spektakuläre Verwicklungen der Schnüre und Haken. Der Vorstand nutzt den Termin, um bei jedem mal ein paar Minuten zu verweilen, allerdings nur so lange, bis er nicht mehr hören kann, dass man in diesen vermaledeiten Gewässern einfach nichts fängt und dass früher, unter dem legendären Vorstand Hubert Irgendwas, alles besser war. Das Fischen endet wieder auf Hupsignal, und dann wandert das ganze Teilnehmerfeld geschlossen ins Zelt, wo die immer gleiche Schar fleißiger Gattinnen für das leibliche Wohl sorgt. Genauso wird es dann auch am Ende des Jahres in der Jahresrückschau geschrieben stehen. Außerdem darf nie der Satz fehlen, wonach Petrus ein Einsehen mit den Anglern hatte. Der lokale Angelgerätehändler stiftet widerwillig ein paar Sachpreise, die an die vier Menschen vergeben werden, die tatsächlich einen Fisch gefangen haben. Meistens gibt es mehr Preise als Fänger, was übrig bleibt, geht an die Jugendgruppe.

Anschließend wird im Wald gesessen und Bier und klebriges Spezi getrunken. Wenn man einmal im Jahr von einer Wespe gestochen wird, dann jetzt.

Die Unzufriedenheit

Ist bei Anglern ohnehin ein chronisch auftretendes Leiden, im Verein kann sie aber locker als unsichtbares Ehrenmitglied gelten. Man ist jedenfalls sehr unzufrieden mit seinem Verein. Je länger man dabei ist, desto mehr. Man ist pflichtgemäß gegen die Besatzpolitik des Vorstands. Man versteht mehr von Fischbiologie als der Vorstand. Man hat den Vorstand ja ohnehin noch nie beim Angeln gesehen, das ist ein reiner Schreibtischtäter, kein Wunder … Und so weiter. Vorstand eines Angelvereins zu sein ist in etwa so easy, wie den Berliner Flughafen zu bauen und gleichzeitig Italien zu regieren.

Übrigens bekommen die Angelvereine zunehmend Konkurrenz durch Angelforen im Internet. Diese Foren haben zwar keine eigenen Gewässer, bieten aber sonst die nahezu gleichen Annehmlichkeiten wie ein Angelverein: Austausch mit anderen Süchtigen, chronische Unzufriedenheit und viele Geschichten über das Wie und wo. Nur das Bier muss man vor dem Computer alleine trinken.

Warum Angeln?

Der erste Versuch einer Antwort

Die Frage stelle ich mir nie, aber ich beantworte sie sehr oft, meistens indirekt, manchmal als Rechtfertigung und nur noch selten in der Absicht, jemanden mit ins Boot zu ziehen. Jede dieser Antworten fällt anders aus, es gibt also sehr viele Gründe, und dieses kleine Buch soll der Versuch sein, wenigstens ein paar hundert davon anzudeuten.

Wenn man der Sache wirklich systematisch auf den Grund gehen möchte, muss man wahrscheinlich bei der Natur anfangen. Angeln ist draußen. Ich will nicht ausschließen, dass es in Japan oder den USA schon einen überdachten Teich gibt, aber grundsätzlich steht man dabei unter freiem Himmel und in der Natur. Der Angler geht raus, er bewegt sich, er verlässt die Stadt. Rausgehen, das ist ja eine der großen Sehnsüchte unserer Zeit. München entvölkert sich jedes schöne Wochenende aufs Neue, die Menschen fahren in kilometerlangen Kolonnen Richtung Berge und Seen. Der

Angler spaziert aber nicht nur in die Natur hinein, er erlebt sie, er muss auch darin ausharren und berührt sie deswegen sehr deutlich und mit allen Sinnen. Er friert, wird nass, fasst an, nimmt deutlicher wahr, lernt, sie genauer zu lesen.

Wenn ich mit meinem Boot frühmorgens auf den Starnberger See hinausfahre, habe ich ein anderes Erlebnis als die Tretbootfahrer, die ein paar Stunden später meinen Weg kreuzen. Nicht zwingend besser, aber ich bin mehr in die uralten Abläufe des Sees eingebunden. Ich sehe die Mückenlarven steigen, fahre den Möwen hinterher, bemerke die Schneeschmelze und achte auf den fallenden Luftdruck. Weil alle diese Sachen winzige Bestandteile der großen Angelformel sind, kleine Zeichen, die man zusammensetzt, unterbewusst vielleicht und wie nebenbei, aber die Wahrnehmung ist dafür geschärft.

Dazu kommt das schiere Erlebnis. Angeln ist nicht Klettern oder Fallschirmspringen, aber es ist extremdraußen, das schon. Ich bin bestimmt kein Fanatiker und ehre die Sturmwarnung, aber selbst als gemäßigter Angler bin ich bis zur Brust in den Wellen der Ostsee gestanden, bin an einem herrlichen Maitag singend vor Glück über den Bodensee getuckert, über die Ufersteine hinunter zum Rhein geklettert, ich habe mich auf Trampelpfaden durch Auwälder gekämpft und lange Wanderungen zu ominösen Kiesgruben auf mich genommen, in denen ich dann natürlich nichts gefangen habe. Aber das macht nichts, denn die Aktion, das Erlebnis, hat ja trotzdem stattgefunden.

Was ich sagen will: Als Angler geht man ohne Weg weiter, man ist geländegängig, Pfadfinder und wohl das, was in Kontaktanzeigen als Frischluftfanatiker beschrieben wird. Jeder Angeltag ist Erlebnistag, selbst wenn man nur acht Stunden zwischen zwei Haselnussbüschen am Bach sitzt. Wie viel Luft man da atmet, wie viele Vögel man sieht, wie der Wind in die Wipfel fährt, und wie man erschrickt, wenn der Biber wie ein fetter Torpedo vor den Füßen vorbeischnorchelt! Man hat was zu erzählen, und bei mir hat das meistens nichts mit Fischen zu tun. Ich habe Julia schon mal angerufen, weil ich ein paar Minuten Auge in Auge mit einem Eisvogel saß. So was Schönes, da muss man jemanden anrufen.

Das verstehen ja viele falsch, Angeln ist nicht der Moment, in dem ein Fisch im Kescher liegt. Genauso wie Golf nicht nur der Moment ist, in dem der Ball ins Loch rollt. Der Angler ist ein laienhafter, aber begeisterter Naturwissenschaftler mit Universalausbildung. Er beschäftigt sich mit topographischen und geologischen Aspekten, er achtet beizeiten auf die Gezeiten und, wenn es sich lohnt, auf den Mond, denn beides hat Einfluss auf das Beißverhalten. Er kennt die Geologie von Gletscherseen und Flussmündungen und duzt sich mit der Flora, in der er hockt, er kann ein Boot reparieren und kennt sich mit Rudertechniken aus. Das Beste: Er schätzt das alles meistens als genauso wichtig ein wie einen gesunden Fischbestand.

Sicher, es gibt Trottel, wie in jedem Metier. Die ihre Bierdosen stehenlassen und die Kippen ins Wasser schnippen. Aber ich habe unter den Anglern viel weniger Naturtrottel getroffen als unter den normalen Menschen, die meisten machen Fotos, wenn sie ein brütendes Gänsesägerpärchen an ihrem Gewässer entdecken, und fischen jede Bierdose aus dem Wasser, die an ihrem Angelplatz vorbeitreibt.

Trevor Housby

Ich gehe gerne in die Bücherei. Lesen ist auch eine große Passion, aber das weiß ich mit zwölf Jahren noch nicht, ich lese eben nur gerne, baue mir auf dem kleinen Sofa in meinem Zimmer aus Kissen eine Burg mit einem Turm aus Büchern und versinke den ganzen Tage in den hundert aufregenden Geschichten, die vorher so streng und gleichrückig nebeneinander im Büchereiregal standen. Ich kenne mich da zwischen den Regalen ganz gut aus und habe natürlich auch bald die Angelbücher entdeckt. Leider gibt es nicht besonders viele: zwei Bücher mit Fischbildern von früher, was ja vollkommen langweilig ist, eine Anleitung zum Fliegenfischen, ein Vorbereitungsbuch für die Fischereiprüfung, ein Buch über Fischgewässer in Österreich. Und dann gibt es noch ein unscheinbares Buch, auf dem steht: *Sportfischen auf Kapitale*. Das nehme ich mit, und bald ist es mein Lieblingsbuch.

Der Autor heißt Trevor Housby, wohnt in England und schreibt, wie er in allen Fischarten irgendwann mal den größten gefangen hat. Das sind ganz erstaunliche Geschichten. Einmal verbringt er mehrere Wochen damit, die größte Rotfeder zu fangen. Rotfedern sind kleine Fische, die man immer gleich wieder ins Wasser wirft, wenn man eine fängt, ich wusste gar nicht, dass man sie gezielt beangeln kann. Housby macht das.

»Weil er Engländer ist«, sagt mein Vater, als ich ihm das Buch gebe. Engländer haben eine Schwäche fürs Verrücktsein, lerne ich. Housby wird trotzdem bald unser gemeinsamer Held; ich leihe das Buch ein Jahr lang ununterbrochen aus, was niemanden zu stören scheint. Wir lesen es abwechselnd, jede einzelne Geschichte kennen wir auswendig: Wie Housby nächtelang in einer Kiesgrube auf Barsche angelt, obwohl alle anderen sagen, dass es dort keine Barsche gibt. Wie er die Kannibalen-Forelle am Mühlbach überlistet. Wie er einen halben Winter lang anfüttert, um endlich eine sechspfündige Karausche zu fangen. Eine Karausche! Je mehr ich mit dem Buch verschmelze, das übrigens in den siebziger Jahren geschrieben wurde, desto mehr wird England für mich zu einem Land, das ausschließlich aus herrlichen Angelgewässern besteht, an denen die großen Fische den belohnen, der sie geduldig beangelt. Mein Vater meint, der Kerl hat einen Vogel und wahrscheinlich keine Frau und Kinder, aber das verstehe ich gar nicht. Natürlich probiere ich auch, die Methoden aus dem Buch oben an unseren gemütlichen bayerischen Weihern umzusetzen, aber irgendwie stehen die Fische da nicht auf die britische Lebensart.

Herr Housby verwendet auch so komische Köder:

gequollenen Hanf und Brotflocken, Frühstücksfleisch und tote Stinte. Ich frage meine Mutter beiläufig, wo ich tote Stinte kaufen kann. Sie kauft alles ein bei uns, sie ist Profi.

»Was sind Stinte?«, fragt sie. »Geheimsprache für Stifte?«

Manchmal verstehen Erwachsene wirklich gar nichts. Stinte sind kleine Meeresfische, so ähnlich wie Heringe. Meine Mutter lädt mich ein, mit in den Supermarkt zu gehen und selbst Ausschau nach den toten Stinten zu halten. Es gibt natürlich keine, aber Frühstücksfleisch finde ich und dazu im Reformladen noch Hanfkörner, die ich auf der Fensterbank in meinem Zimmer quellen lasse. Die Brotflocken sind natürlich einfach, das heißt so einfach doch nicht. Housby macht keine genauen Angaben, welches Brot er benutzt, um daraus erst eine Brotkugel zu kneten und dann aus dem Teig kleine Flocken auf den Haken Größe 16 zu drücken. Ich weiß nicht, wie oft Sie schon das Vergnügen hatten, ein erbsengroßes Stück Brotteig auf einen Haken zu drücken, der kaum größer ist als ein Reiskorn, man hat bei dieser Sache jedenfalls kein rechtes Zutrauen.

Als ich es am Wasser versuche, merke ich schon beim Auswurf, dass zwei Meter hinter meinem Schwimmer gleichzeitig etwas einschlägt – mein Brotkügelchen. So geht es bei jedem zweiten Wurf. Bleibt das Brot am Haken, ist es bei jedem Einholen verschwunden, ich glaube, es fällt einfach ab, sobald es im Wasser aufgeweicht ist. »Oder die Fische lutschen es runter«, schlägt mein Vater vor, weil er immer Angst hat, mir könnte eines schönen Angeltages der ganz Mist zu langweilig werden. Aber das tut er nicht. Ich verstehe nur nicht, wie das bei Housby alles funktioniert. Mit dem Frühstücksfleisch, mit dem er im Buch einen Döbel-Rekordfang am River Avon macht, habe ich ähnliche Probleme. Nicht nur, dass das Zeug ziemlich eklig ist, es hält zwar besser am Haken, aber kein Fisch interessiert sich dafür.

Als der Angelchef vom Verein zufällig vorbeikommt, muss ich ihm zeigen, ob ich auch richtig angle, also hole ich meine Montage ein und präsentiere einen nassen Würfel Frühstücksfleisch. Das findet er höchst seltsam, und ich merke, dass er heimlich denkt, wir wären ein bisschen sehr große Anfänger.

Mein Vater eilt mir zu Hilfe: »Kennen Sie nicht die Geschichte vom Döbel-Rekordfang am Avon?«, erkundigt er sich freundlich.

»Döbel?«, fragt der Angelchef. »Was wollt ihr denn damit?«

Mein Vater und ich sehen uns nach einer schneidigen Antwort um, aber es gibt keine.

»Kannst ja nicht fressen«, sagt der Angelchef zum Abschied und schleicht sich. Ein Satz, der bei Trevor Housby niemals gefallen wäre. Der hat seine Fische immer mit ausgewählter britischer Höflichkeit behandelt und nach dem Wiegen zurückgesetzt. Aber derlei ist genauso wenig bis zu den oberbayerischen Angelstammtischen vorgedrungen wie das Frühstücksfleisch.

Später erzählen wir einem anderen Angler von unserer dringenden Absicht, eine Schleie zu fangen, als ersten echten Fisch.

»Da habt ihr euch gleich das Schwerste ausgesucht«, brummt der Typ, gibt uns dann aber einen Tipp: Ein Weiher liegt etwas abseits von den anderen, im Wald. Ganz klein sei der, deswegen würde kaum jemand dort fischen, aber da seien Schleien drin, das könne er beim Leben seiner Schwiegermutter bezeugen. Diese Nachricht versetzt uns in Hochstimmung.

»Nächsten Samstag geht's zum geheimen Schleiensee!«, sagt mein Vater. Und noch nie ist eine Schulwoche langsamer vergangen als diese.

Alte Angler

Man sollte einmal im Leben mit einem alten Angler ans Wasser gehen. Auch wenn man selbst gar nie angeln möchte. Ersatzweise kann man auch neben einem alten Gärtner oder einer alten Schneiderin sitzen. Sie verströmen diese Würde des ehrlichen Handwerkers, die Anmut eines Menschen, der genau weiß, was er tut. Es muss ein Angler sein, der seinen See so gut kennt, dass ihm ein Blick genügt, um zu wissen, was er an diesem Tag fangen wird. Seine Ausrüstung ist über die Jahre auf das Wesentliche geschrumpft, er bewegt sich ruhig und macht nur die nötigsten Handgriffe. Sein Geheimnis liegt in der Art, wie er die Wolken und die Wellen taxiert und mit seinen Angelruten umgeht. Er liest den See. An einem anderen See ist auch der alte Angler wieder ein Schüler. Wer Fische fangen möchte, muss lernen. Was man in den Kursen für die Fischerprüfung lernt, ist später am Wasser ungefähr noch so wichtig wie das, was man im Chemieunterricht fürs Leben gelernt hat.

Ausrüstung

Die Schnur

Eigentlich ist das mit Abstand der wichtigste Teil der Angelausrüstung. Es gibt zwar auch eine Meditationsübung, bei der man reglos im Bach stehend die Fische mit der Hand fängt, aber das würde ich mir für den unwahrscheinlichen Fall einer Bruchlandung aufsparen, bei der ich ausnahmsweise ohne Angelgeräte unterwegs bin. Nein, die Schnur, egal ob Bindfaden, Nylon oder die moderne geflochtene Schnur, ist die Verbindung zum Fisch. Die Nylonschnur, das Silk, wie die Niederbayern sehr lautmalerisch dazu sagen, war dabei über Jahrzehnte die einzige Wahl, bis ihr die aus vielen hauchdünnen Fasern geflochtenen Schnüre, die unter dem Mikroskop wie Seile aussehen, den Platz streitig machten.

Das wichtigste Merkmal einer Schnur ist ihre Tragkraft: Je dünner, desto schneller reißt sie bei Belastung, das kann sich jedes Kitakind ausrechnen. Tatsächlich ist die Angst vor einem Schnurriss ausgerechnet dann, wenn am anderen Ende ein besonders interessanter (und damit meistens gemeint: schwerer) Fisch tobt, eine der Urängste des passionierten Fischers. Ich weiß nicht, ob Freud auch Anglerträume gedeutet hat, aber das trockene Pling, mit dem eine stark gespannte Schnur plötzlich abschlafft, sucht den Fischer nachts gerne mal heim. Im durchschnittlichen Anglerleben ist es allerdings selten, dass ein Fisch die Schnur durchreißt, eben auch weil diese Schnüre heute aus Hightech-Materialien sind und schon mit einem Durchmesser von 0,2 Millimetern bis zu 15 Kilo Tragkraft haben. Wer fängt schon mal einen Fisch von 15 Kilo? Das ist ein ausgewachsener Hund.

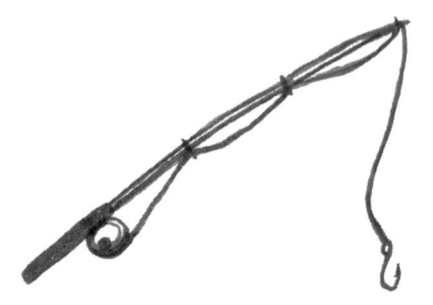

Der Schleiensee

Tatsächlich gibt es an der Stelle, die der nette Mann uns beim letzten Mal verraten hatte, einen kleinen Trampelpfad in den Wald. Aber so, wie der aussieht, wurde er schon lange nicht mehr getrampelt. Mein Vater geht voran, auf dem Rücken trägt er stolz seine neu erworbene Sitzkiepe.

Eine Sitzkiepe ist ein Behältnis für Angelsachen, auf dem man auch sitzen kann. Wenn man etwas braucht, muss man aufstehen und den Deckel aufklappen, und dann gibt es lauter Fächer und Schubladen, und ganz unten, im Keller der Sitzkiepe, kann man eine Flasche Bier und ein Spezi mitnehmen. Sehr praktisch, finden wir.

Auf einmal geht der Pfad richtig steil zehn Meter nach unten, und wir müssen uns an den Weidenbüschen festhalten, um nicht auf dem schmierigen Lehmboden hinunterzupurzeln. Mein großer Papa mit der klobigen Kiepe auf dem Rücken schwankt schon beachtlich. Unten angekommen, geht es über ein paar verfaulte Holzplanken hinein ins Schilf, und als wir uns gegenseitig die Spinnweben und Weidenbüschel aus dem Gesicht wischen, stehen wir auf dem romantischsten kleinen Angelsteg, der je vernachlässigt wurde. Er ragt in den kreisrunden Weiher, der aussieht wie der Prototyp aller geheimnisvollen Schleienweiher: Schilf und Seerosen, dunkles Moorwasser, auf dem ein paar Wasserläufer Schlittschuh laufen. Wir flüstern nur, so schön ist es. »Glaubst du, der Steg hält?«, flüstere ich. »Werden wir gleich sehen«, flüstert mein Vater zurück, und wie eine Ballerina im ersten Lehrjahr geht er Brett um Brett vor bis zur Kante des Stegs. »Den hat sich jemand hier gebaut, als private Angelstelle«, flüstert mein Vater. Tatsächlich sind kunstvoll zwei Holzrutenhalter in den Steg integriert, und sogar eine kleine Bank gibt es, also ein Brett, über zwei dicke Eichenstumpen gelegt. Aber der Erbauer scheint lange nicht mehr hier gewesen zu sein, eine Laubschicht vom letzten Herbst liegt über allem, und rechts und links sind ein paar Bretter morsch geworden und zerbrochen. Es riecht nach Schleie.

So lautlos wie möglich richten wir unser Zeug her.

Es gibt beim Angeln manchmal vor dem ersten Wurf so eine unerträgliche Spannung, die untrügliche Gewissheit, dass man am Rande einer natürlichen Fischzucht gelandet ist, dass es sich nur noch um Minuten handeln kann, bis sich dieser Bilderbuchmoment in anglerischer Hochstimmung auszahlt.

Ich werfe meinen Schwimmer nach rechts vor die Schilfkante, mein Vater platziert seinen links an die Seerosen. Schleien sind misstrauisch, das haben wir gelernt, deswegen muss man unendlich vorsichtig sein. Die erste Stunde rühren wir uns kaum, starren wie hypnotisiert auf die kleinen roten Antennen unserer Schwimmer. Einmal hebt sich meine Antenne ein wenig aus dem Wasser, zieht ein paar Zentimeter zur Seite und bleibt wieder stehen. Wir haben es beide gesehen, mein Herz schlägt so laut wie die Kirchturmglocke im nächsten Dorf. War das was? Ein Fisch?

Seit wir unsere Prüfung gemacht haben, waren wir schon etliche Male am Wasser, haben viele Schnurperücken produziert und sind in Bäumen hängen geblieben, wir haben in allen Wettern ausgehalten und ein paar vorher eingesetzte Forellen gefangen. Aber so richtig Angeln war das bisher noch nicht, so richtig ist es erst hier, an unserem Schleiensee.

Als Nächstes ist mein Vater dran. »Öha«, sagt er auf einmal. Er hat einen Schwimmer, den ihm der Angelhändler aufgedrängt hatte, einen Waggler mit einer sehr langen dünnen Antenne, die aber auf einmal nicht mehr so lang ist; die Hälfte ist verschwunden. Dann taucht sie wieder ganz aus dem Wasser und legt sich in voller Länge aufs Wasser. Wir sind perplex, auf dem kleinen Steg herrscht eine Konzentration, die es locker mit dem *situation room* im Weißen Haus aufnehmen kann. Der Schwimmer liegt auf der dunklen Wasseroberfläche und vibriert mit ganz kleinen Wellen. »Nimm die Rute«, flüstere ich. Aber mein Vater traut sich nicht, schließlich ist das Spektakel keine fünf Meter von uns entfernt. Jetzt dreht sich der liegende Schwimmer einmal um die eigene Achse und fährt langsam, aber doch so, dass es nicht zu übersehen ist, Richtung Schilf. Mein Vater nimmt die Rute, als wäre sie aus Biskuit, und schwingt sie halbherzig nach hinten. Der Schwimmer fliegt uns um die Ohren. Ohne Schleie. »Verhaut!«, rufen wir beide sehr erschrocken, und das Flüstern ist vergessen. Wir inspizieren den Haken, kein Maiskorn mehr dran. Eine Kriegserklärung der Schleien.

Die nächste Stunde tut sich nichts, dann ist meine Pose auf einmal weg. Eben stand sie noch als Inbegriff der Reglosigkeit an ihrem Platz. Mein »Nanu?« weckt meinen Vater. Irritiert starren wir auf die Stelle, wo eben noch die rote Spitze war. Bevor wir uns eine angemessene Reaktion überlegen können, taucht die Spitze wieder auf, eine Armlänge neben ihrer Ausgangsposition. Mein Vater stupst mich an, damit ich wieder atme. Jetzt ist alles wieder ruhig, die Pollen auf der Wasseroberfläche schließen sich schnell über der kleinen Unruhe zusammen. Die Maiskörner sind nicht mehr am Haken. Der restliche Nachmittag vergeht ohne besondere Ereignisse, wir flüstern bis zum Schluss, aber nichts tut sich mehr. Wir haben trotzdem das Gefühl, einen großen Tag erlebt zu haben.

Das Beste ist: Wir haben jetzt einen kleinen Steg. Wir haben einen Schleiensee.

Gewürm & Gekreuch

Gewisse Sympathieverluste erleidet der Angler in seinem privaten Umfeld durch den traulichen Umgang mit Maden und Würmern, der ihm traditionell nachgesagt wird. An den Angelhaken einen Wurm!, das ist im Volksmund so gesetzt wie der Käse in der Mausefalle und die Karotte vor dem Esel. Es kommt jedoch heute viel seltener vor, als sich das der geneigte, aber unkundige Leser denken mag. Nein, der arme Wurm ist nur noch beim Aalfischen und artverwandten Unternehmen die unbedingte Wahl, auch wenn er gewiss kein schlechter Köder ist, sondern eine ziemlich natürliche Nahrung für alle Fische – Würmer werden schließlich dauernd von den Wiesen in die Bäche und Flüsse gespült. Irgendwie gilt die Wurmangelei heute aber als anachronistisch, angesichts der vielen modernen Hilfsmittel und Köder, die in den Regalen liegen. Trotzdem ist jeder Angler, der nicht dogmatisch nur mit Kunstködern loszieht, irgendwann mal in die Wurmsache verwickelt gewesen und hat einen gewissen Kenntnisstand in diesen Dingen.

Man unterscheidet Mist- und Tauwürmer und solche, die es im Angelladen zu kaufen gibt, da sind dann noch ein paar Delikatessen dabei. Den Mistwurm findet man in Misthaufen und auch im Kompost, und er riecht übel, wenn man ihn pikst. Der original Regenwurm kommt, wie man weiß, überall vor, wo ein bisschen Erde rumliegt. Das Problem ist die organisierte Beschaffung. Würmer zu kaufen ist haarsträubend teuer und oftmals nicht praktikabel, wegen Sonntag oder wegen Angelgeschäft sonst wo. Also muss man selbst suchen. Für die Besitzer von größeren Ländereien kein Problem, als Stadtangler hat man dabei aber tatsächlich Schwierigkeiten.

Wer nach einem Regen die Wege im Park nach Würmern absucht und sie in seinem Angelkistchen verstaut, dürfte nicht gerade die Pralinenblicke der Spaziergänger und Jogger abkriegen. Scheue Naturen erledigen den Wurmjob deswegen diskret um vier Uhr morgens. Der eine oder andere wurde bei diesem Treiben auch schon von der Polizei als vermeintlicher Tunichtgut ertappt, was dann stets in der heiteren Spalte der Angelmagazine landet. Aber selbst wer Zugang zu einem Garten hat, kämpft bei der Wurmsuche bisweilen mit Problemen. Grundsätzlich kann man sagen, dass die Würmer nie dann zu finden sind, wenn man es sehr eilig hat, ans Wasser zu kommen. Aber ausgerechnet wenn man ins Kino geht, robben sie wie zum Hohn aus allen Grünstreifen und quer über die Kreuzung, und mancher wird dann schwach und sammelt die feinen Würmer schon mal für den nächsten Samstag in die

Tasche. »Schatz, nur noch den da drüben ...« Ein hübscher Trennungsgrund.

In Anglerkreisen kursieren etliche Tricks, die die Wurmsuche erleichtern sollen. Manche schwören darauf, mit einer Grabgabel das Erdreich in Schwingung zu versetzen. Das macht die Würmer unruhig, und sie schießen wie die Zäpfchen aus dem Boden, heißt es. Andere suchen nachts mit einer Infrarot-Taschenlampe. Und die wirklichen, äh, Spezialisten haben in der Garage eine Wurmfarm aufgezogen. Ja, richtig gelesen, derlei gibt es auch im Angelgeschäft zu kaufen: Wurmhaus, Wurmerde, Wurmnahrung. Wer eine solche Farm hat, schwört drauf, er muss nur kurz vor dem Angelausflug ein paar Würmer ernten, fertig. Es gibt auch ein Gerät namens Wurmschere, aber deren Einsatz soll hier nicht näher erläutert werden. Phantasiebegabte denken da schon von selbst in die richtige Richtung.

Ein anderer Köder aus der Kategorie »Kein Thema bei Tisch« sind die Maden. Ein ausgezeichneter Köder für alle Friedfische, da gibt es nichts zu deuten. Sie halten gut am Haken und bewegen sich verlockend. Man kauft sie im Angelgeschäft in kleinen Dosen, deren Deckel die üble Angewohnheit haben, schon kurz nach Verlassen des Geschäftes nicht mehr richtig zu schließen.

Maden sind interessant. Wo sie herkommen und wer die Maden an die Angelgeschäfte liefert, das will man nicht wissen. Gerüchteweise wachsen sie in alten Fleischbrocken heran – ein perverses Unternehmen! Aber sauber in Sägemehl krabbelnd sehen sie eigentlich ganz putzig aus. Interessant sind sie deshalb, weil sie nach vier Tagen in der Dose anfangen, sich zu verpuppen. Sie hören dann auf, quirlig durch die Gegend zu robben, und werden starr, ihre Haut wird zu einem festen Panzer, erst hellbraun, dann richtig dunkel. So liegen sie eine ganze Weile rum. Der Angler nennt dieses Stadium Caster und füttert weiterhin damit die Fische. Irgendwann wird aus Caster dann das Endprodukt der Made: eine fette Stubenfliege. So lange hebt man die Dose für gewöhnlich nicht auf. Es gehört aber zum Anglerleben dazu, einmal eine Dose mit Maden monatelang zu vergessen. Der Anblick des Doseninhalts ist dann nichts für empfindsame Gemüter.

Wurmsuchen

»Wir brauchen Würmer«, sagt mein Vater.

Es ist Männerwochenende. Das bedeutet: Mein Vater und ich und mein Freund Valentin sind in unser kleines Ferienhaus gefahren und wollen zwei Tage nur angeln. So etwas Herrliches, ich verstehe gar nicht, warum nicht öfter Männerwochenende ist. Auf der Fahrt haben wir bei McDonald's und im Angelgeschäft gehalten.

Im Ferienhaus angekommen, hat mein Vater angefangen, Holz zu hacken, für das Lagerfeuer, das es am Abend geben soll. Valentin und ich müssen Würmer suchen gehen, denn morgen wollen wir rund um die Uhr Fische fangen und abends noch Aale.

»Das ist 'ne Sache, die man besser ohne die Damen macht«, sagt mein Vater und meint das Häuten der Aale, bei dem man mit einem Ratsch die Haut runterziehen muss.

Wir brauchen viele Würmer, denn wir werden sehr viele Fische fangen. Also gehen wir mit zwei großen

Schaufeln auf die Nachbarwiese. Da stehen jede Menge Apfelbäume, das muss den Würmern doch gefallen, denken wir. Valentin gräbt ein Loch, er ist stärker als ich. Ich sitze als Wurmwart daneben und gebe ein Zeichen, wenn ich einen Wurm entdecke. Aber es hat zwei Wochen nicht geregnet. Ich gebe kein Zeichen, denn da sind keine Würmer.

Wir gehen an eine andere Stelle, näher an dem kleinen Bach, der durch die Wiese fließt. Valentin gräbt so tief, dass ich mit beiden Beinen im Loch stehen kann. Ein Wurm, ha! Leider ein verwirrter Einzelgänger, unsere Ausbeute ist mager. Valentin will nicht mehr, die nächsten Löcher grabe ich. Mein Vater kommt, um nach uns zu sehen, stolz zeigen wir acht Löcher ohne Würmer. Er fragt uns, ob wir wohl ein bisschen spinnen, hier die ganze Landschaft zu perforieren. Also schütten wir die Löcher wieder zu, was deutlich weniger Spaß macht, als welche zu graben.

Wieder zurück in unserem kleinen Garten, macht Valentin dann einen Überraschungsfund unter der alten Hausrose, die sich da um die Dachrinne wickelt: ein fetter Regenwurm, beinahe kapital! Klar, denken wir, wo das Regenwasser über die Dachrinne abläuft, ist Wurmhausen, da ist es immer schön feucht. Also beginnen wir umstandslos mit größeren Erdbewegungen, denen nach und nach die Wurzeln der Rose zum Opfer fallen. Die sehen aber eh schon ganz alt aus.

Als mein Vater mit einer Schüssel voll Bratwürsten aus dem Haus kommt, die wir ins Feuer hängen wollen, und die Rose sieht, die gar nicht mehr richtig im Boden ist, sondern jetzt nur noch in der Luft hängt, sagt er etwas in der Art, dass das ja dann wohl das letzte Männerwochenende war.

Die Rosenwürmer, die wir gefunden haben, sind am nächsten Tag aber wirklich ein großer Erfolg. Valentin fängt einen echten Aal, am helllichten Tag, der sich meinem Papa um den Arm windet, fast wie so ein Armschutz, den Gladiatoren anhaben, nur mit Aalgesicht. Es ist sehr lustig.

Anglertypen

Der Fliegenfischer

Gilt allgemein als personifiziertes Endstadium der Passion.

Tatsächlich sind die meisten Fliegenfischer vorher normale Angler gewesen, die irgendwann einen Kurs zum Fliegenfischer absolviert haben oder von einem väterlichen Gentleman eingeführt worden sind. In anderen Breiten, etwa in Skandinavien oder Schottland, werden die Menschen auch gleich Fliegenfischer, einfach weil diese Technik da verbreiteter ist. Bemerkenswert ist, dass die Angler dem Fliegenfischen noch mal neu und extra verfallen. Als gäbe es da ein schwarzes Loch im schwarzen Loch, gewissermaßen.

Der Fliegenfischer braucht als Grundlage für seinen Zeitvertreib eigentlich ein Fließgewässer mit Forellen drin, weswegen er in manchen Gegenden Deutschlands nur in verschwindend geringer Stückzahl vorkommt. Neben einer komplett anderen Ausrüstung bewegt er sich auch anders als der normale Angler, nämlich nicht *am* Wasser, sondern überwiegend *im*

Wasser – mit Hilfe von Wathose, Watschuhen und Watjacke. Von allen Anglern macht er die meiste Gymnastik, schließlich muss er seine winzigen Kunstfliegen mittels einer speziellen Schnur an die richtige Stelle wedeln. Das erfordert viel Geschmeidigkeit im Wurfarm und auch ein bisschen Übung.

Davon abgesehen ist der Fliegenfischer oft beneidenswert elegant und leichtfüßig unterwegs. Seine Ausrüstung wiegt wenig, und er hält – eine skandalöse Ausnahme in dieser uneitlen Passion – auch etwas auf seine Gesamterscheinung, spätestens seit Robert Redford in dem Film *Aus der Mitte entspringt ein Fluss* so lässig die Fliegenrute schwang. Tatsächlich hat der Fliegenfischer immer etwas von einem Adeligen und unterstreicht das meistens noch mit einer guten Portion Hochnäsigkeit. Mit normalen Anglern in einen Kochtopf geworfen zu werden, das schmerzt ihn, schließlich angelt er nicht nur vornehmer, auch seine Beute ist hochwohlgeboren: Salmoniden wie Lachs, Saibling oder die feine Äsche mit ihrer schwingenden Rückenfahne.

Er bereist die Welt auf der Suche nach den perfekten Gebirgsbächen oder schottischen Lachsflüssen, an denen die Erlaubniskarte pro Tag oft so viel kostet wie vier ganze geräucherte Lachse im Geschäft. Oft ist es sogar verboten, mehr als einen Fisch aus diesen Luxus-Rinnsalen zu entnehmen. Auch »Release only«-Strecken kennt der Fliegenfischer, in denen er also nur zur Erbauung wedeln darf und keinesfalls zur Bereicherung des Speiseplans.

Besonders vornehm ist der Trockenfliegenfischer, also derjenige, der bestrebt ist, die Fliege ausschließlich wie ein echtes Insekt auf der Wasseroberfläche treiben zu lassen.

Bei aller Begeisterung für seinen hohen Sport vergisst der Fliegenfischer oft, zu erwähnen, dass seine Methode auch ihre Schwächen hat. Bei starkem Wind zum Beispiel oder tückischem Uferbewuchs kommt die fliegende Schnur schnell an ihre Grenzen, genauso bei Fischen, die vielleicht mehr als zwanzig Meter entfernt warten. Aber wer derlei vorbringt, ist ein Kretin und hat den wahren Zauber nicht verstanden. Um die Berührung mit den gemeinen Anglern zu vermeiden, gibt es denn auch an vielen Flüssen »Fly only«- Abschnitte, an denen die Fliegenfischer unter sich bleiben.

Am Amazonas

Wir haben einen Schirm gewonnen, und ich habe in der Schule einen Erlebnisaufsatz darüber geschrieben, weil ich so stolz war. Einen Angelschirm, denn das Preisausschreiben war von einer Angelzeitschrift. Er ist sehr groß und sehr grün.

Jetzt sitzen mein Vater und ich zum ersten Mal unter diesem Himmel aus Nylon, während ein heftiger Sommerregen auf uns niedergeht. Die Tropfen sind so dick, dass das braune Wasser des Weihers brodelt, als würde es kochen. Das hohe Gras um uns herum rauscht, und das Schilf, zwischen dem unsere Ruten liegen, beugt sich unter den Regenwehen. Wir tun natürlich extra vergnügt, weil uns das alles gar nichts anhaben kann, kein Weltuntergang besiegt unseren Superschirm. Der Regen wird stärker, er trommelt, und dann hört er plötzlich auf. Dann ist da ein Geruch, wie es ihn nur ganz kurz nach einem heftigen Sommerregen geben kann, als wäre der ganze Wald in der Waschmaschine gewesen, so frisch und grün und abgewaschen riecht es. Jeder sollte das riechen dürfen, es ist ganz anders als der Geruch von Regen auf einem Kiesweg oder auf Asphalt. Regen, der auf Erde und in altes Wasser gefallen ist, auf Baumblätter, auf Baumrinde und hohes Sommergras, das ist einfach eine Keule von einem Geruch.

Von den Ästen fallen noch ein paar große Tropfen ins Wasser, und uns läuft ein Schauder über den Rücken, nicht weil es kühl ist, sondern weil es so grün ist.

»Augen zu und Amazonas denken«, sagt mein Vater, die Pfeife ist ihm ausgegangen.

Ich mache die Augen zu, aber ich muss gar nicht Amazonas denken. Er ist schon da.

Frühes Aufstehen

Zum Angeln gehört das Aufstehen. Es ist gar nicht so richtig klar, warum, aber wenn sich zwei Angler verabreden, muss nur geklärt werden, ob man sich um vier oder eher um fünf Uhr morgens am Wasser trifft. Alles andere wäre lasch. Sicherlich gibt es ein paar fischige Begründungen für diese Marotte, aber ganz ehrlich, so überzeugend sind die nicht. Nein, mit dem ersten Licht am Wasser zu stehen, den Morgen zu sehen, wie er grau wird erst und dann blau, wie sich die Konturen am Ufer aus der Nacht schälen und die kleinen Nebel nach und nach auflösen, das ist ein Vorgang großer Schönheit. Es ist vielleicht die tiefe Ruhe des allerfrühesten Morgens, die so gut zum Angeln passt, die andächtige Stimmung lässt den Angler selbst ganz ruhig und konzentriert zu Werke gehen. Die friedliche Erhabenheit der schlafenden Landschaft färbt auf ihren Besucher ab – macht ihn aber nicht schläfrig, sondern hellwach. Der Angler ist allein mit dem Wasser, es liegt vor ihm, genauso unberührt wie der ganze Tag. Es muss einfach sein.

Das Publikum

So weltverloren und abgeschieden, wie eben geschildert, ist man als Angler aber eher selten unterwegs. Oder anders gesagt: Man merkt, dass unser Land doch ziemlich dicht bevölkert ist.

Da trabt man extra um fünf Uhr morgens im dichtesten Nebel zum kleinen, geheimen Waldweiher ohne Namen, alles ist sagenhaft verschleiert, oh ja, weiß man, so fühlt sich der Wanderer über dem Nebelmeer. Kaum aber hat man sacht und leise, um den großen Frieden nicht zu stören, den Platz erreicht, platscht es vom anderen Ufer herüber, gefolgt von einem rhythmischen Prusten und Jauchzen. Die Nebelschwaden geben den Blick frei auf einen korpulenten FKK-Rentner, der auch gerade noch ein Wanderer über dem Nebelmeer war und jetzt ganz offensichtlich tiefenbefreit etwas für seinen Blutdruck tut. Zehn Minuten später sprengen zwei Damen auf ihren Pferden durchs Unterholz und sind sichtlich erstaunt, dass sie nicht die Ersten sind. Gleich danach kommen die gewissenhaften Gassigeher mit ihren Golden Retrievern und Barbourjacken. So geht es weiter. Bis halb acht sind stramme Jogger und etwas weniger stramme Nordic Walker durch, eine Kindergarten-Wandergruppe und ein Mensch mit einem kunstvoll gearbeiteten Modellboot, der seinen Stapellauf direkt neben meinen hochsensiblen Zanderruten ausführen möchte. Es folgen Spaziergängergrüppchen, zündelnde Kinderbanden, Geocaching-Freaks in Tarnjacken, Menschen, die endlich mal Outdoor-Sex haben wollen, und solche, die sich nur verirrt haben und eigentlich das Wirtshaus zur Kugel suchen. Wenn es dunkel wird, knistert drüben ein Lagerfeuer, und auf einem Steg sitzen vier verliebte Paare, obwohl der Sonnenuntergang von da aus gar nicht zu sehen ist.

Am Starnberger See ist man natürlich nie allein. Selbst frühmorgens, bei Regen und Temperaturen knapp über vier Grad, wenn man glaubt, jetzt könnte man in einer Bucht doch mal wenigstens in Ruhe in den Bootseimer pinkeln, tauchen hundertprozentig zwei Taucher unter einem auf. Den Tauchern ist nämlich egal, ob es regnet oder vier Grad hat. Oder es schleicht sich lautlos gleitend von hinten ein Stand-up-Paddler an – das sind die neuesten Zugänge auf dem See.

Also, daran muss man sich gewöhnen. Und oft sitzt man ja auch wirklich direkt am Radweg oder an einer Uferpromenade, wo der Zusammenstoß mit Passanten unvermeidlich ist. Das Problem ist, dass viele von ihnen denken, als Angler sei man ohnehin chronisch unterbeschäftigt und könne deswegen ganz gut nebenbei als Infostand fungieren. Darauf legen Angler allerdings nur selten Wert. Nicht nur wegen der Volksmeinung, Angler seien rachsüchtige Tierquäler. Nein, auch der friedliche Passant ist in den meisten Fällen keine Bereicherung des Angeltags.

Eine kleine Typologie des durchschnittlichen Publikums:

Die Interessierten

Sie haben auch schon einmal geangelt, ja, ja. Das war in den siebziger Jahren bei einem Onkel, der nach Kanada ausgewandert war. Aber der ist jetzt auch schon tot. Na, jedenfalls, solche Fische rausgeholt damals, auf den blanken Haken. Richtige Brocken!

Dabei hauen sie einem aufmunternd auf die Schulter und erwarten unverhohlen, dass man jetzt auch solche Brocken rausholt, einen wenigstens. Wenn man es nicht tut, gilt man umgehend als Dilettant und Anfänger. Kopfschüttelnd flüstern sie ihrer Begleiterin zu: »Der hat noch gar keinen. Weißt du noch, ich in Kanada ...«

Die Neugierigen

Das sind gerne betagte Damen, die sich auf ihre Weltoffenheit etwas zugutehalten. Sie stellen sich mit einem keck-aufmunternden Lächeln neben einen und fragen nach sorgsamer Überlegung, welche Fische denn überhaupt in diesem See vorkämen. Auf die mürrische Antwort, dass hier Hechte, Karpfen, Schleien, Rapfen, Döbel, Brachsen in Klodeckelgröße, Zander, Barsche und angeblich Waller vorkämen, nicken sie sehr kulturbeflissen und weise. Es folgt eine mittellange Pause. Dann fragen sie, ob man hier auch geräucherten Aal fangen könne. Weil den hätten sie als Kinder in Pommern immer so gerne gegessen. Dann gehen sie weiter, wenn man Glück hat. Wenn nicht, kommt die ganze Pommerngeschichte.

Die Skeptischen

Das sind meistens pensionierte Lehrer oder umweltbewegte junge Frauen mit chronisch hochgezogenen Augenbrauen. Ob das Angeln hier überhaupt erlaubt sei? Das interessiere sie nur mal grundsätzlich, haha. Und dann im Speziellen, ob es wirklich so gut sei, ausgerechnet hier an der Uferpromenade zu angeln, schließlich die ganzen Kinder und normalen Menschen … Wenn der Angler auf diese vagen Einwände nicht reagiert, werden sie fieser. Ob man die Fische überhaupt essen könne? Schließlich die Stadt, der saure Regen, das Kadmium … »Ja«, sage ich dann, »ich fange zum Glück eh nichts.« Das beruhigt sie aber nicht. Ob Fische nicht auch ein Schmerzempfinden haben? Darauf antworte ich, dass ich es bei den Fischen nicht genau wisse, bei mir aber sehr wohl und dass die

Schmerzgrenze schon seit fünf Minuten überschritten sci. »Man wird ja wohl noch fragen dürfen«, sagen sie dann und gehen böse Blicke werfend weiter.

Die Bekloppten

Sie bauen sich neben einem auf und schauen aufs Wasser. Dann schleudern sie für ihren Schäferhund einen armdicken Ast genau neben den Schwimmer, und das Tier veranstaltet in der nächsten halben Stunde eine mittlere Wasserschlacht, genau an der Stelle, wo gerade noch die Karpfen gründelten. Wenn man sie vorsichtig darauf hinweist, dass der See doch eigentlich groß genug sei, fangen sie entweder sofort zu zetern an oder sagen etwas wie: »Das kann ich doch nicht wissen, dass Sie hier angeln müssen. Ich rufe besser mal die Polizei.« Und das machen sie dann auch tatsächlich.

Die, die auch angeln

Die Kollegen, die gerade nicht angeln, sondern mit der Frau einen Spaziergang machen müssen, das sind die hartnäckigsten Zaungäste. Manchmal kann man nett mit ihnen plauschen, meistens nicht. Meistens observieren sie zehn Minuten wortlos Methode und Gerät, um dann beiläufig fallenzulassen, dass an dieser Stelle ja noch nie was gefangen wurde, ihr Mahagoni-Boot neulich beinahe untergegangen ist, und zwar aus dem einzigen Grund, weil sie so viele Fische gefangen haben, und dass es sich in ihren Augen immer lohnt, etwas mehr Geld in das Gerät zu investieren. Eigentlich sind das fast immer Männer, die vor zehn Jahren das Angeln aufgeben mussten, wegen der Gesundheit oder wegen akutem Dauererfolg. Ob man den Wegner Sepp kenne? Nein? Na, den muss man eigentlich schon kennen. Ob man die Zanderbucht kenne? Nein? Oh, eigentlich kann man ja nur da ernsthaft fischen. Ob man schon mal in Norwegen beim Lachsfischen war? Nein? Na, dann hat man ja noch nie richtig geangelt. Aber ja, Petri heil noch.

Die Kinder

Die verstehen Angler eigentlich am besten. Außer freilich, wenn sie eine Ladung Kieselsteine ins Wasser donnern lassen, dann ist man kurz versucht, sie hinterherzuwerfen. Aber wenn sie wirklich mal dabei sind, wie ein Fisch gefangen wird, finden sie das komischerweise immer toll. Sie sind auch ziemlich unerschrocken, was das dunkle Kapitel des Ganzen angeht, und finden nichts dabei, wenn dem Fisch der Knüppel auf den Kopf saust. Sie wollen es sogar selbst mal probieren. Erst wenn man erwachsen wird, bekommt man dabei plötzlich Manschetten, und je näher man dem eigenen Lebensende rückt, desto schwieriger wird es. Kinder und Angeln, das geht meistens gut. Erfolgserlebnis vorausgesetzt.

Es ist also nicht so einfach, wenn das Volk einen umarmen möchte. Meine Lieblingsgeschichte zu diesem Thema erzählt man sich im Verein vom Schmidinger Michael, genannt Michi. Das ist ein ruhiger Riese, Hände wie Schraubstöcke, begeisterter Schleienangler und extrem wortkarg, wie die meisten Schleienangler. Der Michi ist einmal beim Angeln am Simbacher Stadtsee von einer offenkundig etwas desorientierten Spaziergängerin gefragt worden, was er da mache? Seelenruhig und ohne den Blick von seinen Ruten zu nehmen, hat der Schmidinger Michi geantwortet: »Ich nehme Klavierunterricht.«

Brachsenfischen

Ich sitze mit meinem Vater an einem Stausee, ich bin vielleicht zwölf Jahre alt. Wir fischen auf Brachsen, auch wenn das unmögliche Fische sind, aber es gibt hier eben nichts anderes.

Der Stausee ist seicht, weil der Fluss jedes Jahr viel Sand mitbringt, der sich an den Rändern ablagert. Es wird nicht mehr lange dauern, sagt mein Vater, bis man hier gar nicht mehr fischen kann, bis das alles hier verlandet ist.

»Hm, joa«, mache ich, denn ich bin ja erst zwölf.

Der Damm, auf dem wir sitzen, ist gut zum Spazieren. Ein Paar kommt, und im Vorbeigehen sagt die Frau zu ihrem Begleiter: »Schau mal, der zwingt seinen Buben schon zum Angeln.« Da müssen wir beide sehr kichern, denn es ist eigentlich genau umgekehrt.

Die Geschichte erzählen wir uns immer noch und lachen. Aber heute ist es eher ein Lachen über die Erinnerung an uns beim Brachsenfischen und an die vielen Jahre seither.

Der Stausee ist verlandet. Wo das Wasser war, stehen weite Schilffelder, in denen Fischreiher herumstelzen. Spaziert wird auf dem Damm aber immer noch, nur wo die Brachsen sind, das ist ungewiss.

Warum Angeln?

Der zweite Versuch einer Antwort

In den letzten zehn Jahren hat sich etwas mit unserem Essen verändert. Ich weiß nicht, ob es mit einem Lebensmittelskandal angefangen hat, mit dem ersten Biosupermarkt oder mit dem unangenehm hartnäckigen Verdacht, dass es so nicht weitergehen kann, gesamtsituativ. Wir fragen bei den Produkten im Supermarkt nicht mehr vorrangig nach Kalorienzahl und E-Stoffen, wie es in den achtziger und neunziger Jahren des letzten Jahrhunderts der Fall war, sondern immer häufiger nach Produktionsbedingungen und Herkunft. Daraus spricht eine neue Art des Aufpassens, die nicht auf Lebensmittel beschränkt ist. Bioboom oder Nachhaltigkeitstrend, Urban Gardening oder Do-it-yourself – diese Tendenz hat viele Namen. Man kann auch einfach sagen: Wir machen uns Gedanken.

Ich habe vor etlichen Jahren mit Julia angefangen, ein kleines Stück Acker mit Gemüse und Blumen zu bepflanzen. Nicht aus irgendeinem Ökowahn, sondern weil es Spaß macht, mit Zwiebeln zu kochen, die man selber geerntet hat, weil wir gerne zwei Meter frische Petersilie haben und einen Blumenstrauß aus Malven und Kornblumen auf unserem Fensterbrett in der Stadt.

Damals haben wir lange nach so einer Möglichkeit gesucht, als Städter ein bisschen Erde an die Finger zu kriegen, und wir wurden mehr als einmal bei dieser Suche angesehen, als wären wir Hippie-Spinner, kurz davor, einen Bauwagen mit Fingerfarben anzumalen.

Das war vor sechs Jahren. Seither hat sich viel in dieser Richtung bewegt. Bienen im Hinterhof, Gelee kochen aus herrenlosen Stadtpark-Äpfeln oder aus Holunderblüten, Pilze sammeln – einfachen Dingen ihren Wert zurückgeben, das gefällt vielen Menschen wieder. In unserem Viertel in München gibt es seit zwei Jahren rührende Bepflanzungen von Verkehrsinseln und Grünstreifen, die jahrzehntelang niemand als Grünstreifen wahrgenommen hat. Freunde, die nie etwas anderes als einen Basilikumtopf in der Küche stehen hatten, präsentieren stolz ihre Tomaten vom Balkon. Und Facebook-Chef Zuckerberg, ein durch und durch digitaler Mensch, hat vor einiger Zeit dargelegt, warum er nur noch dann Fleisch essen möchte, wenn er das Tier selbst erlegt und geschlachtet hat.

Vielleicht schwingt in diesen Bemühungen hilflose Romantik mit, vielleicht ist ein guter Teil davon Sehnsucht nach einfachen haptischen Erlebnissen in einer Welt aus Touchscreens. Aber das ist egal. Was zählt, ist die generelle Hinwendung zum Analogen, es sind die Bücher, die geschrieben, die Diskussionen, die angestoßen werden, und das kleine Stück mehr Bewusstsein, das jeder davon für sich mitnimmt.

Wenn ich eine Renke im Starnberger See fange, sie töte, ausnehme und zubereite, vielleicht zusammen mit ein paar Kartoffeln von unserem Ackerstreifen und ein paar kleinen Steinpilzen aus dem Wald zwischen See und Acker, dann ist das ein stimmiger Vorgang, es liegt eine ureigene Richtigkeit darin. Die Produkte sind regional und bio, sie haben die kleinsten Transportwege und die geringsten Verarbeitungsstufen hinter sich, ich kenne ihre Herkunft. Mehr noch: Es ist auch meine Herkunft, meine Landschaft. Ich ernähre mich, wie die Menschen sich hier vor hundert Jahren ernährt haben, ich habe alte Kenntnisse angewandt, die mich und meine Familie nicht verhungern lassen. Natürlich geht diese Rechnung nur für ein paar Abendessen im Jahr auf, aber immerhin. Noch wichtiger als alles andere: Dieses Essen macht uns glücklich.

Deswegen also töte ich auch gelegentlich einen Fisch. Ich verstehe, dass es genau dieser Punkt ist, an dem für viele das Angeln aufhört, harmlose Leidenschaft und nette Spinnerei zu sein. Es ist eben nicht Modellbau oder Yoga, nein, es ist eine Jagd, eine uralte Methode, sich mit Eiweiß zu versorgen. Es ist nicht schön, ein Tier zu töten, es macht niemals Freude. Aber es ist ehrlicher als jede Fertigmaultasche und jedes Kotelett aus dem Supermarkt oder der Thunfisch im Sushi. Es ist auch stimmiger, als ägyptische Bio-Kartoffeln zu importieren oder eine flächendeckende Umstellung der Ernährung auf Sojaprodukte zu fordern.

Niemand muss heute Tiere essen. Aber wer wirklich umfassend über eine nachhaltige Welt nachdenkt, muss dem Jäger und Sammler darin seine Rolle zugestehen.

Spielmaden

Wir haben Maden im Kühlschrank. Eigentlich wollten wir sie in die Werkstatt stellen, aber da ist es zu warm, sagt mein Vater. Wenn es zu warm ist, geht es den Maden nicht gut, und sie werden schneller zu Fliegen. Deswegen stehen sie im Angelgeschäft im Kühlschrank, und bei uns jetzt auch, neben Butter und Käse. Ich finde das gar nicht so schlimm, schließlich sind die Maden in der Dose, und die Dose ist noch mal in der kleinen Tüte vom Angelgeschäft. Trotzdem habe ich genau gesehen, wie mein Vater das kleine Paket schnell und wie nebenbei hineingeschmuggelt hat in den Kühlschrank und mich dabei mit einem Blick angesehen, der bedeutet: Klappe halten. Ist ja auch nur kurz. Am Abend wollen wir angeln gehen. Aber dann kommt ein Gewitter, und mein Vater sagt etwas wie: »Ha, gut, dass unsere Angelruten aus Kohlefaser sind, da geht der Blitz rein wie nix, huiii!« Meine Mutter schaut daraufhin etwas komisch und sagt, wir bleiben jetzt mal schön zu Hause. Ehrlich gesagt, bin ich ganz froh, denn ich mag Gewitter auch nicht so gerne wie mein Vater.

Am nächsten Tag fahren wir meine Schwester ins Krankenhaus, weil sie beim Spielen auf die Heizung gefallen ist und ein Loch im Kopf hat, so heißt das. Das klingt schlimmer, als es ist, sie hatte das schon zwei oder drei Mal, und ehrlich gesagt sind hinterher gar keine Löcher im Kopf, also dauerhaft, aber man muss trotzdem immer sehr schnell ins Krankenhaus fahren, und alle kommen mit.

Abends, ich sitze gerade vor dem Plattenspieler, kommt ein komisches Geräusch aus der Küche. Ich denke nichts dabei, aber dann kommt noch etwas aus der Küche, nämlich meine Mama, und sie sagt gar nichts, schaut nur, und das ist immer ganz gefährlich. Wenn sie nichts sagt und nur schaut, dann gibt es meistens richtig Ärger. Ich schleiche in die Küche und habe schon eine Ahnung, was mich da erwartet. Tatsächlich, auf dem Küchentisch steht eine Schachtel Eier und daneben unsere Dose Maden. Sie ist zu, aber man sieht durch das transparente Plastik ziemlich gut, wie gesund alle Maden sind. Ich nehme sie sicherheitshalber an mich. Erwachsene können ja unglaublich komische Sachen machen, wenn sie wütend sind, einfach alles wegwerfen zum Beispiel.

In meinem Kinderzimmer ist Lego aufgebaut. Mir fällt auf, dass die Burg, die ich da gebaut habe, eine ziemlich gute Madengröße hat. Vorsichtig öffne ich den Deckel und setze eine Made in der Ritterburg aus. Sie robbt lustig durch die Gegend und findet sogar zur Ritterburgtür hinaus. Ich setze sie wieder zurück und noch eine auf den Turm. Ich wusste nicht, dass Maden bei geöffneter Schachtel auch einen gewissen Freiheitsdrang verspüren. Zwei erwische ich gerade noch auf dem Weg unter den Teppich, eine andere ist schon bis unters Bett. Obwohl Maden ja wirklich nur kriechen können, sind sie erstaunlich schnell. Bei der Suchaktion vergesse ich meine Burgmaden. Als ich wieder schaue, sind sie weg. Ich beschließe, diesen Vermisstenfall vorerst diskret zu behandeln, und mache die Dose wieder zu. Als mein Vater kommt, gibt es ein bisschen Gezische in der Küche, ich höre aber genau, dass er auch lachen muss, allerdings nur kurz. Dann kommen sie zu zweit in mein Zimmer und konfiszieren die Dose.

Seit diesem Vorfall haben wir einen alten Kühlschrank, der noch im Keller war, als Madenkühlschrank. Eine sehr praktische Sache, sagt mein Vater, da kann er dann auch immer eine Flasche Angelbier kühl stellen, und niemand stört sich dran. Die Lego-Maden sind natürlich nie wieder aufgetaucht.

Wie ich einmal Karpfenkönig wurde

Seit zwei Jahren sind wir jetzt in dem Verein »Petri Heil 1898«. Wir haben nicht sehr viel gefangen, aber zum Glück fragt keiner danach, und den anderen Anglern geht es genauso. Immer wenn wir einen treffen, muss man das Gleiche sagen:

»Und?«

»Nix. Bei euch?«

»Gerade erst angefangen.«

»Schon auf Hecht probiert?«

»Nee.«

»Also dann!«

Manchmal sagt mein Vater auch Sätze, die mit »Mein Bub« beginnen und die tollkühnsten Geschichten folgen lassen. Sein Bub, das bin ich. Er schwindelt ganz gern mit mir, und ich mache mit, wenn er von den tollen Phantasiefängen erzählt, stehe nämlich so ein bisschen gelangweilt dabei und nicke.

Zu Weihnachten habe ich einen englischen Angelaufnäher bekommen, den mir die Mama an die Angeljacke genäht hat. »Predators Hunting Group« steht darauf, aber mein Vater und ich nennen ihn nur den Trevor-Housby-Aufnäher, weil wir uns vorstellen, dass er so einen auch hatte. Jedenfalls, zusammen mit dem Aufnäher und den Schwindelgeschichten komme ich, glaube ich, ziemlich gefährlich rüber, ich merke schon, dass die alten Angler richtig Respekt haben. Und gerade als sich die Ersten anmelden, um mal mit mir loszuziehen und dabei zu sein, wenn ich die Zander und Graskarpfen fange, die nur im Kopf meines Vaters herumschwimmen, gerade da passiert die Sache mit dem Karpfenkönig.

Es ist ein Sonntag im Juni, und es ist das alljährliche Königsfischen des Vereins. Beim letzten Mal waren wir schon dabei und haben nichts gefangen, aber hinterher sehr hübsch Grillfleisch gegessen, das auf einem riesigen Grill hin und her geschwenkt wurde. Deswegen sind wir also wieder um vier aufgestanden und an den Vereinssee gefahren. Dort fischen wir eigentlich nie, weil er weit weg liegt, aber er hat gerade die richtige Größe für hundert Angler. Diesmal werden die Plätze ausgelost, mein Vater und ich ziehen einen nichtssagenden Platz, an dem rechts ein großer Baum im Wasser liegt. Man darf nur mit einer Rute fischen, also fangen wir an – er mit einem Maiszopf als Köder, ich mit einem Teig, den wir gestern Abend noch eilig angerührt haben, nachdem wir die Backvorräte in der Küche geplündert hatten. Der Teig riecht jetzt nach Zimtsternen. Ein Maiszopf ist ein Geheimköder von uns: Mit einer speziellen Nadel werden dabei zwanzig Maiskörner auf die Schnur gefädelt, das sieht dann eher aus wie naive Kunst. Aber die Idee ist, dass die kleinen Fische so eine Maiskette in Ruhe lassen und nur die großen beißen, ha!

Ich fische mit meiner neuen Karpfenrute, die ich auch zu Weihnachten bekommen habe, allerdings war es genau wie bei den Abo-Geschenken von Magazinen: Ich musste noch was dazuzahlen, denn sie war wirklich teuer. Bisher habe ich mich kaum getraut, damit wirklich ans Wasser zu gehen, aber an diesem Tag scheint es mir angemessen: Königsfischen mit der Königsrute. Ziemlich bald knarrt der Freilauf an meiner Rolle. Das ist eine unerhörte Sache, das gab es bisher überhaupt noch nie. Ein Fisch will Schnur, das bedeutet dieses Geräusch. Fünf Minuten später liegt der erste Karpfen im Kescher. Mein erster Karpfen überhaupt, und dann noch beim Königsfischen – wenn nicht so viele Menschen drum herum sitzen würden, würden mein Vater und ich einen Indianertanz machen, den wir für solche Fälle einstudiert haben. Klar, er setzt jetzt auch auf den Zimtsternteig. Keine zehn Minuten später knarrt die Rolle wieder bei mir, Karpfen Nummer zwei. Das Komische ist – es geht bis um elf Uhr, als ein Böllerschuss das Ende des Fischens anzeigt, so weiter. Der Platz neben dem Baum muss eine Karpfenhöhle gewesen sein. Es hat sich eine ansehnliche Zuschauertraube um uns geschart, und man flüstert sich mit Kennerblick gegenseitig etwas zu, wenn ich einen neuen Batzen Zimtsternteig auf den Haken knete. Mein Aufnäher und die Gerüchte, die mein Vater mit seinen »Mein Bub«-Sätzen in Umlauf gebracht hat, sie scheinen sich bei diesem Königsfischen seltsamerweise zu bewahrheiten. Ich lasse mir nichts anmerken und tue so, als sei ich spektakuläre Massenfänge gewohnt.

Am Ende habe ich elf Karpfen, niemand im Verein kann sich an so einen Fang beim Königsfischen erinnern. Die Karpfen werden nach dem Wiegen vor Ort zu Fischfrikadellen verarbeitet und gegrillt, mein Fang macht den ganzen Verein satt – worüber mein Vater sehr froh ist, denn er hat in den letzten Stunden panisch unsere Gefrierkapazitäten überschlagen und seine eigenen drei Karpfen heimlich zurückgesetzt. Väter tun so was. Es sind die besten Frikadellen, die ich je gegessen habe. Nach dem Essen werde ich zum Fischerkönig in der Jugendklasse gekrönt, das heißt, ich bekomme eine sehr schwere Kette mit Medaillen umgehängt und darf mir als Erster einen Preis vom Gabentisch aussuchen. Mein Vater muss einen Kasten Bier spendieren, ich schlendere stolz mit meiner Kette durch die Reihen der Biertische und werde alle zwei Minuten gefragt, was das für ein Teig gewesen sei.

»Vanillekipferlteig«, sage ich.

Anglertypen

Der Karpfenangler

Der Karpfenangler ist eine hochspezialisierte Unterart des gemeinen Anglers. Er hat als Erster mit dem richtigen Nerdkram angefangen. Schon in den achtziger Jahren gab es ganze Ausrüstungskataloge nur für ihn, und er gründete eigene Neigungsgruppen für Menschen mit Karpfen-Handicap. Er ist, wenn er es ernst meint, nur selten zu Hause anzutreffen, denn lange Ansitze am Wasser sind die Grundlage seines Erfolgs. Deswegen kennt er sich auch ausgezeichnet mit Camping aus, hat Zelt, Schlafsack und alles andere in Tarnfarben und braucht für seine Ausrüstung eine spezielle Lastkarre, die es natürlich auch zu kaufen gibt. Er ist ein Materialfetischist und wahrscheinlich derjenige, der am meisten Geld für seine Passion lässt.

Der Karpfenangler kann unfassbar viele komplizierte Montagen knüpfen, bei denen jeder Zentimeter eine andere englische Bezeichnung hat. Sein Traumbild sind Karpfen, kugelrund und groß – und vor allem größer als die, die er bisher schon gefangen hat. Seine

Köder stellt er nach komplizierten Geheimrezepten selbst her, die Zutatenliste liest sich dabei wie der Ernährungsplan eines osteuropäischen Kraftsportlers: viel Casein, Protein und ein bisschen Soja. Daraus entwickelt der Karpfenangler in einem alchemistischen Prozess kleine, sehr harte Kugeln, die sogenannten Boilies. Sie haben den Vorteil, dass sie vier Tage lang im Wasser liegen können, ohne sich aufzulösen, von faden Weißfischen nicht zu knacken sind – und den Karpfen schmecken. Wobei unklar ist, wie die Fische jemals damit in Berührung kamen, bevor es den Karpfenangler gab.

Moderne Technik, die durchaus auch Modell- und Schlauchboote sowie wasserlösliche Behältnisse und andere Gimmicks beinhaltet, versetzt den Karpfenangler in die Lage, seine Angel weit auszuwerfen und den Karpfen so eine Art Lockspur bis hin zum Köder zu legen. Er hat das Anfüttern verinnerlicht, die wochenlange Anbahnung eines Kontakts zwischen Großkarpfen und Köder ist Teil seiner Methode. Geht er dann endlich ans Wasser, ist alles minutiös vorbereitet und durchdacht. Sind die Boilies einmal am richtigen Platz, muss er nur noch stoisch warten, bis seine elektrischen Bissanzeiger – via Funk ins Zelt – den Biss eines Karpfens melden, der meistens in tiefer Nacht erfolgt.

Seine Rekordfische setzt der Karpfenangler schonend zurück, nachdem er sie vermessen, gewogen und fotografiert hat. Es gibt eine Reihe von Hilfsmitteln, die dem Fisch den kurzen Landgang so erträglich wie möglich machen sollen, dazu gehören mittelgroße Planschbecken und auch mal ein Wundheilspray für kleinere Verletzungen.

Im Urlaub fährt der Karpfenangler an berühmte Karpfenseen in Frankreich oder Spanien und versucht dort, einen der legendären Karpfen zu fangen, die schon eigene Namen tragen und mehrfach gefangen und in Karpfenanglerheften vorgestellt wurden.

Das alles ist schwer zu verstehen, aber wenn man sich vorstellt, dass Karpfen aus Gold sind, kommt man ansatzweise in eine ähnliche Denkrichtung wie der Karpfenangler.

Fischwissen in der Bevölkerung

Jeder, der halbwegs volljährig ist, kann einen Dackel von einem Schäferhund, einen Pudel von einem Pitbull unterscheiden. Aber wehe, man fragt die Menschen mal an der Fischtheke, was da so im Eis vor ihnen liegt, da geht es wüst durcheinander. In dem gleichen Maße, wie die Empathie mit dem abnimmt, was sich unter der Wasseroberfläche tummelt, nimmt offenbar auch das diesbezügliche Allgemeinwissen ab. Das ist schon deshalb seltsam, weil die Menschen ja ständig Fisch essen. Es wäre kulinarisch durchaus brauchbar, das ein oder andere Detail zu kennen oder wenigstens bei der Artenbestimmung nicht ganz im Trüben zu stochern.

Angler lernen schon auch Sachen, die in der Küche brauchbar sind. Dass ein Waller keine richtigen Gräten hat, zum Beispiel, die Bäckchen beim Dorsch besonders ausgeprägt sind und eine Äsche leicht nach Thymian schmeckt, deswegen heißt sie auf Lateinisch auch

Thymallus thymallus. Aber schon die Unterscheidung zwischen Süß- und Salzwasserfisch halten viele Nichtangler für gehobene Biologie.

Gut, die Lebensmittelindustrie tut auch einiges dazu, dieses Unwissen zu fördern, und flutet die Fischtheken und Gefriertruhen mit ihrer Phantasie. Pangasius und Seelachs, Tilapia und Steinköhler gibt es da, und man tut sich einigermaßen schwer, derlei wirklich in den Büchern zu finden. Die Klarnamen dieser Fische sind meistens etwas prosaischer, aber Seelachs klingt eben einfach flotter als Pollack.

Der Durchschnittsfischesser ist offenbar kein Wahrheitsfetischist, das merkt man schon daran, dass er auch eine Kreatur namens Tomatenfisch aus der Dose kennt und schätzt. Und was in Fischstäbchen wirklich drin ist, wissen allein die Netze der großen Fangflotten.

Besonders schön wird es, wenn der Angler gerade einen Fisch aus dem Wasser hebt, während sich Passanten nähern und bemüßigt fühlen, Artenkunde zu betreiben. Da werden mickrige Rotaugen zu Forellen geadelt oder ein kleiner Karpfen umstandslos mit Kabeljau angesprochen.

Das tut weh, und nicht nur den Fischen. Kann es sein, fragt sich der Angler, dass er wirklich so eine Nischenbegabung hat, nur weil er problemlos hundertzwanzig Fischarten auseinanderhalten kann? Kann es sein, dass man versehentlich wichtige Bereiche des eigenen Gehirns mit analytischen Fähigkeiten belegt hat, die für die restliche Welt gar nicht von Relevanz sind?

Na ja, es hat aber auch seine Vorteile. Der Angler in

obiger Szene schenkt das Rotauge freigebig als Forelle her und freut sich diebisch auf den Moment, wenn es als gebeizter Lachs auf den Tisch kommt.

Ausrüstung

Der Knoten

Ein Angler muss Knoten beherrschen, das gehört zu den vielen kleinen Nebendisziplinen, die die Sache so interessant machen. Eine gute Passion muss eben mehrere Herausforderungen bieten, viele kleine, die zu einer ganz großen werden.

Jeder Angler hat seine eigene kleine Knotenkunde, es gibt Meister, die für jede Hakenform und jede Montage die perfekten Knoten kennen. Zu denen gehöre ich nicht. Ich kann mir Knoten einfach unheimlich schlecht merken und weiß nie, wie man anfängt, selbst wenn ich einen Knoten zehnmal übe – nach drei Wochen und mit einem strammen Westwind am Wasser versuche ich alles mit den zwei Allround-Knoten zu lösen, die jedes Angelkind kann.

Dieses kleine Knoten-ABC bekommt man meist von einem väterlichen Angellehrer oder in der Vereins-Jugendgruppe beigebracht, die Finger beherrschen es bald ganz von allein. Man braucht einen Knoten, um das winzige Öhr mit der Schnur zu verbinden, einen, um den Wirbel anzuknoten, und dann gibt es noch ein paar Spezialfälle, aber das würde zu weit führen. Fliegenfischer brauchen andere Knoten als Meeresangler, und es gibt Momente am Wasser, da bekommt man einfach keinen gebunden. Weil die Finger so zittern, vor Kälte oder Aufregung. Letzteres ist deutlich angenehmer.

Mein Lieblingsknoten ist der Verbesserte Albright. Toller Name, nicht wahr? Rosen und Knoten haben die schönsten Namen. Jedenfalls, der Albright ist ein kleines Wunder, er verbindet zwei Schnüre unterschiedlicher Dicke. Das kommt beim Angeln oft vor, weil man eine dicke Hauptschnur und ein dünneres Vorfach zusammenbringen muss; wir sprechen hier von zwei Schnüren mit deutlich unter 0,5 Millimeter Durchmesser. Versuchen Sie das mal mit einer Schleife!

Es ist eine Fummelei, aber ein sauber gebundener Albright ist eine Augenweide, und er hält bombenfest. Leider kann ich ihn nur binden, wenn ich in Ruhe daheim über meinem Werktisch sitze, da gelingt er immer. Aber wehe, ich muss im schwankenden Boot bei Windstärke fünf zwei Schnüre verbinden, das wird meistens nichts. Es gibt keinen mutloseren Moment im Boot als jenen, in dem man die eben geknüpfte Verbindung prüfen möchte, sich die Enden aber doch leise wieder auseinanderziehen und der vermeintliche Knoten sich im Nichts auflöst. Eine falsche Abzweigung genommen beim Binden, eine Schlaufe vergessen, und statt eines genialen Konstrukts hat man nur ein paar mürbe Kringel erzeugt.

Knoten sind ein schönes Wissen. Sie stellen Verbindung her, wo vorher zwei Einzelteile waren, sie sind es eigentlich, die den Fisch fangen, ihn aus dem Wasser heben, festhalten.

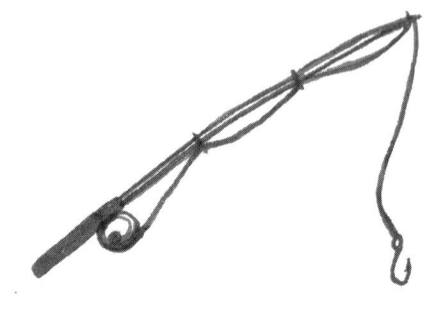

Der letzte Wurf

An jedem Angeltag gibt es einen letzten Wurf. Und es gibt ziemlich viele Geschichten, die sich genau um diesen letzten Wurf drehen. Denn irgendwie, man weiß nicht warum, ahnen die Fische diesen letzten Wurf und stürzen sich doch noch mal beherzt auf den Köder. Zumindest in den Geschichten. Gerade wollte man gehen, nur einmal noch, und peng, da war er.

In Wirklichkeit ist die Abschiedszeremonie am Wasser eher so: Man steht am Ufer, verfroren und durchnässt, denkt: Drei Würfe noch in diesen Gumpen, dann können sie mich so was von gernhaben, diese bekloppten Fische, die nicht vorhandenen. Dann macht man vier Würfe, weil man vergessen hat, den ersten mitzuzählen. Beim fünften Wurf klatscht es auf der anderen Seite, also dorthin auch noch einen. Sieben, acht. War da was beim Einkurbeln gerade? Ein Anstupser – oder nur ein kleiner Ast, der den Blinker gestreift hat? Tja, kann man mit so einer Unsicherheit die Angel einpacken? Man kann nicht! Also noch einen, oh, der zählt nicht, der ist ja gar nicht weit geflogen. Also noch einen, oh, zählt auch nicht, der Blinker hat sich verheddert. Jetzt der allerletzte, ja, der ist gut, ganz langsam, dem gebe ich richtig Spiel, der soll zeigen, was er draufhat, und, und …? Nix. Na ja. Einer noch.

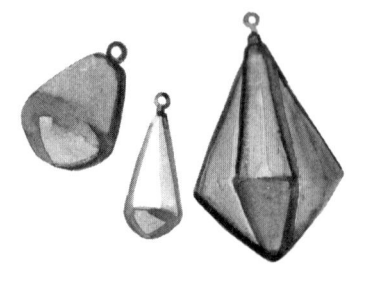

Der Sommer des Kometen

Ein Komet kommt, aber es ist mir egal, denn ich bin in der Pubertät. Alle drehen gerade irgendwie durch, da stört der anhängliche Asteroid auch nicht weiter. Das Jahrtausend franst aus, es stehen Modems neben den Computern, und sie piepen. Zu Hause ist es unruhig, ich bin verliebt, habe Karten fürs Blur-Konzert und trotzdem das Gefühl, alles zu verpassen. Keine gute Zeit zum Angeln. Meine alte Köderkiste in der Garage ist zwischen den Winterreifen eingekeilt, sie interessiert mich nicht mehr, und ja, es ist peinlich, ein richtiges Kinderhobby: Fische angeln. Allein der Gedanke, oben zu sitzen, an einem der Weiher, wo ich doch genau weiß, dass *sie* dort manchmal mit ihrer Mutter spaziert. Spazieren: nicht peinlich; Angeln: peinlich – ganz einfach. Es stimmt ja nicht, dass in der Pubertät alles ganz kompliziert ist, nein, im Gegenteil, eigentlich ist die Welt ganz einfach. Einfach scheiße. Nur zwei bis drei Sachen vielleicht nicht. Eine davon hat einen Pferdeschwanz, den sie jede Stunde dreimal mit einer beiläufigen Geste sortiert. Sie ist neu in der Klasse, ihr Name klingt nach Südamerika, und wenn sie sich in Latein zu mir umdreht und irgendeine reizende Kleinigkeit fragt, würde ich mich am liebsten auch umdrehen und zurücksinken in eine Welt, in der alles noch leicht war und die nur ein paar Augenblicke hinter mir liegt.

Mein Vater geht in dieser Zeit alleine zum Fischen. Ich sehe ihn manchmal, wenn er am Freitagnachmittag aus dem Büro kommt, kurz etwas in den Flur und zu den verschlossenen Türen seiner halberwachsenen Kinder hin ruft, dann seinen ausgeblichenen Schlapphut aufsetzt und hinauffährt an den großen Weiher und zu seinem Steg. Er hat ihn im Frühling gebaut, zusammen mit ein paar anderen Männern vom Angelverein, mitten in eine Wand aus Schilf. Platz, wo vorher keiner war. Ein kleiner Trampelpfad führt durch den Wald dorthin, aber man muss wissen, wo er anfängt, der Pfad, sonst landet man mitten im Schilf. Oder man hat jemanden, der es weiß. Ich bin nie dabei an seinen Freitagabenden am großen Weiher. Ich sitze stattdessen in winzigen Autos, die immer einem Bekannten von einem Freund gehören, und wir fahren darin zu fünft zu einem Fest, zu dem wir nicht direkt eingeladen sind und von dem wir auch nicht genau wissen, wo es stattfindet, aber es ist das beste Fest, und wenn wir nicht dabei sind, sind wir verloren, das ist klar, jeden Freitagabend aufs Neue.

Ein Mann zu werden ist gefährlich, und ich nehme an, mein Vater weiß das und denkt gelegentlich daran, während er in der Dämmerung anfängt, seine Welsköder auszulegen. Man muss rechtzeitig damit anfangen, seinen Angelplatz auf die Dunkelheit vorzubereiten, das sagt er immer. So wenig wie möglich darf rumliegen, alles muss griffbereit sein, die Taschenlampe sollte man gar nicht brauchen, ihr Schein vergrätzt die Fische. Dann sitzt er da, und es wird dunkler um ihn. Es gibt einen Moment, ab dem ist der Weiher dann nicht mehr der Weiher, sondern der Anfang der großen Nacht. Dann erst wühlen sich die Welse aus ihrem weichen Bett im Schlamm und machen ihre Jagd, ihre Barteln tasten wild über den Boden. Und zwei Meter darüber sitzt mein Vater reglos, und sein Bart tastet in die Dunkelheit, und vielleicht schläft er manchmal auch ein wenig, in den warmen Nächten.

Ich schlafe nicht in meinen Nächten, ich denke nicht an ihn, ich bereite nichts für die Dunkelheit vor, sondern werfe mich hinein, denn dann ist sie meistens am besten. Wir finden das Fest oder wir finden es nicht, das macht kaum einen Unterschied, denn wir sind zu fünft, zur Not sind wir unser eigenes Fest, auch wenn dann am nächsten Montag in der Schule etwas mehr Kraft nötig sein wird, die Sache zu verklären. All die unbeholfenen Entfernungsversuche und Ausbrüche, all die verkorksten Premieren erlebe ich in dieser Zeit. Wir wissen es nicht, aber es ist so: Niemand von uns kennt den Trampelpfad hindurch, und alle rennen wir blind ins Schilf.

Wenn *sie* da ist bei einem Fest – und ich weiß es niemals vorher –, aber wenn *sie* kommt und mich sieht und sich sogar irgendetwas Unbedeutendes ereignet, an dem wir beide beteiligt sind, lege ich diesen Moment nachher zwischen die Seiten eines Buches, in das nur die schönsten Erinnerungen dürfen. Es geht eine ganze Weile so, und das Buch mit den schönen Erinnerungen ist schon ein richtiger kleiner Katalog. Mein bester Freund kennt ihn so gut wie ich, in vielen Stunden haben wir die Ereignisse durchgesprochen und interpretiert, genau wie die Dramen im Deutschunterricht. So entsteht langsam der Eindruck, ja, es ist unausweichlich, dass *sie* auch in meine Richtung sieht, dass auch sie sich auffällig verhält, ein Sie-und-ich nicht nur meine Binnenwahrnehmung ist. Es kommen Wochen, in denen ich glaube, es fehle nur noch eine kleine Bewegung zur Umarmung, ein kleines Wort zur Bekräftigung, ihre Hand in meiner, und es sei geschafft, beinahe nur noch eine Formsache. Ich freue mich, ich tanze in meinem Zimmer. Wenigstens eine Sache, die klappt. Dann ist Schulfest. Sie kommt auch, einen Jungen im Arm, der ist eine Klasse unter uns. Sie küssen sich vor der Bühne.

Ich sehe es, und ich sehe die Blicke der Freunde, die mich betrachten wie ein verendendes Tier. Wundern kommt von Wunde, denke ich. Wie und in welchem Zustand ich nach Hause gelangt bin, weiß ich nicht mehr, nur dass ich mir dort vorgenommen habe, mein Zimmer im Dach nie mehr zu verlassen, daran kann ich mich erinnern und an die Einsamkeit unter zwei Kissen, den freien Fall.

Ich falle den ganzen Tag, und als ich meinen Vater unten höre, wie er kurz die Dose mit Mais auf den Tisch stellt und seine Gummistiefel aus dem Schrank zerrt, da weiß ich, der Weiher könnte helfen. Mein Vater sieht mich die Treppe runterkommen, er reicht mir meine alte Angeljacke, kaum Worte, es genügt ein paarmal Kopfnicken, bis ich neben ihm im Auto sitze. Der Parkplatz zwischen den Birken, von dem man schon sieht, wie die Wellen auf dem Weiher sind, und dann der Anfang des Trampelpfads, den nicht jeder kennt. Mein Vater geht voran, die breiten Schultern teilen die hohen Schilfstangen, es ist ja schon Juni. Er fragt nichts, er klappt mir einen Stuhl aus. »Du links raus, ich rechts«, knurrt er, dann montiert er seine Köder. Er hat ein besonderes System entwickelt, fädelt Würmer zu einem riesigen Bündel auf den Haken. »Eine Torte für den Waller«, sagt er und schaut, ob ich lache, genau wie früher, wenn ich wegen irgendwas geweint habe. In den Arm nehmen, das geht ja nicht so gut, aber einen Witz machen und heimlich schauen, ob der andere lacht, das geht zwischen Vater und Sohn. Zwei Maiskörner ans Schilf legen und die andere Grundrute so weit rausfeuern wie möglich, das will ich. Alles lege ich in diesen Wurf in die Seemitte, ich ziehe die Rute mit voller Wucht durch, spüre die Fliehkräfte und das Geräusch, mit dem das Birnenblei in den Himmel beschleunigt, es fliegt und fliegt und schlägt weit hinten ein. Mein Vater nickt anerkennend, und weil ich geschwächt bin, verzichtet er auf die Diskussion, die wir sonst unweigerlich gehabt hätten und in der es darum geht, dass die Fische eben nicht weit weg stehen, sondern meistens ganz nah, am Ufer und im Schilf.

Diesmal ist das Werfen wichtiger als das Fangen. So

sitzen wir. Ich mit der großen Fleischwunde, er mit seinem Freitagabendbier und der Pfeife, die er nur noch selten mitnimmt. Der Abend kommt, mit seinen Tieren, den Mückenwolken und den ersten Fledermäusen, die schon im Halblicht anfangen zu jagen. Die Grillen werden noch mal laut, im Schilf platscht es mehrmals, alles vibriert, und wir bereiten uns auch vor, die Taschenlampe in die Mitte, Lösezange, Kescher griffbereit, aber nicht im Weg, alle Taschenverschlüsse zu. Um im Dunkeln den Biss nicht zu verpassen, hängen wir Pfeifenreiniger mit einem eingeflochtenen Knicklicht in die Schnur zwischen den dritten und vierten Rutenring, tanzende kleine Irrlichter. Die Art, wie mein Vater auch schweigt, nicht wenigstens ein bisschen hustet, schimpft und nach Vaterart Geräusche macht, hätte mich an einem gewöhnlichen Abend vielleicht stutzig gemacht und daran denken lassen, dass hinter seinen Abenden hier oben noch etwas anderes steckt, ein zweites Fallen. Aber ich bin zu stumpf für andere Unglücke, in meinem Kopf gibt es nur Platz für einen einzigen Schmerz, und so merke ich nichts, wie alle anderen auch nichts merken. Es ist still, unsere Bissanzeiger baumeln leise, und über uns sind die Sterne.

»Da, der Komet«, sagt mein Vater. Er ist schon am äußeren Rand unseres Nachthimmels, er dreht schon ab, kennt schon eine neue Galaxie. Sein Schweif macht ihn schöner als alle anderen Sterne, aber auch fremder.

Wir liegen in unseren Stühlen, den Kopf im Nacken. Keiner sagt es, aber wir wissen es doch. Es ist der letzte Komet, den wir gemeinsam betrachten werden.

Anglertypen

Der Allroundangler

Einst der Prototyp des Anglers, hat ihn der Spezialisierungswahn der Angelindustrie schon beinahe zur bedrohten Art gemacht. Der Allroundangler ging früher je nach Saison anders ans Wasser, suchte im Frühling die Schleie, freute sich im Sommer tags über Karpfen und nachts über Aale, im Herbst legte er einen Köderfisch für den Hecht vors Schilf, und im Winter machte er einen symbolischen Ansitz auf die Aalrutten und ließ sonst alle fünf Angeln grade sein, mehr brauchte er nämlich auch nicht.

Was den Allroundangler seit jeher auszeichnet, sind die Grundtugenden der Fischerei: Geduld, Bauernschläue und sein Instinkt, der ihn auf die Spur der Fische bringt. Er begreift das Angeln nicht als Trophäenjagd, sondern freut sich auch über den kleinen Fisch oder wenn es einfach nur ein schöner Tag war. Er ist irgendwas zwischen altmodischem Romantiker und biertrinkendem Fischesser. Seine wichtigsten Utensilien sind ein ausgesessener alter Campingstuhl, ein Eimer, in dem er alles herumträgt, was er so braucht, und am liebsten noch ein eigener Steg. Er schnitzt sich seine Rutenhalter aus Ästen, benutzt immer dasselbe Gerät und geht nur in Notfällen ins Angelgeschäft, weil er einen tiefen Widerwillen gegen das moderne Zeug hat und nichts Neues ausprobieren will. Ein Schlapphut und eine gewisse Unfreundlichkeit gehören dazu, so sorgt er für Ruhe.

Der Allroundangler geht oft leer aus und wird in den Angelzeitschriften gar nicht mehr angesprochen. Aber unter allen Anglern trägt er noch am ehesten die DNA des Jägers und Sammlers in sich, weil er sich jeden Tag am Wasser neu zurechtfinden muss und immer ein Auge darauf hat, was um ihn herum passiert.

Warum Angeln?

Der dritte Versuch einer Antwort

»Kannste schön abschalten, gell?« Auch so ein Satz, den ich oft vor die Ohren geklatscht bekomme. Klar, Angeln ein anderes Wort für Faulenzen, das hat sich so im Volkshirn verankert. Dieses Klischee ist nicht richtig, aber es steckt auch eine Wahrheit darin, wie in vielen Klischees. Ich versuche das mal aufzudröseln.

Ein Angler schaltet nicht ab, er schaltet um. Er angelt. Es ist ein Irrtum, das mit Nichtstun gleichzusetzen und in der Zeit, bis der Fisch beißt, einen leicht skandalösen Leerlauf zu sehen, den der Angler dankbar mit Biertrinken und einem Nickerchen überbrückt. In einer Gesellschaft, in der Tage, Jahre und sogar Wochenenden einer strengen Zeitökonomie unterliegen, mutet dieses Herumsitzen am Wasser verdächtig an. Wenn die Hinklatscher mir nicht glauben, dass ich meistens erst nach zwei Stunden im Boot überhaupt mal dazu komme, einen Schluck Kaffee zu trinken, dass ich niemals ein Buch zum Angeln mitnehmen würde oder gar, wie manche denken, ein Manuskript zum Redigieren oder einen Laptop zum Schreiben, biete ich ihnen an, sie mal mitzunehmen. Wobei das keine so gute Idee ist (ist auch noch nie einer deshalb mitgekommen), denn nur der Angler, nicht der Beisitzer, erlebt das, was beim Angeln die meiste Zeit in Anspruch nimmt. Es ist etwas ziemlich Modernes und gar nicht sehr besinnlich, es ist die Optimierung.

Jeder Angeltag ist ein Projekt. Man checkt die Ressourcen und bereitet die Hardware vor, lässt also das Boot ins Wasser, montiert die Ruten, knüpft die Montagen und Systeme, schleudert den Anker und lotet die Tiefen aus, alles nach einem Plan, den man sich vorher überlegt hat. Dann folgt der Praxistest dieser Ideen. Läuft der Blinker in der richtigen Tiefe, ist die Stelle am Schilf wirklich der beste Platz am Weiher, liegt mein Köder am Grund oder baumelt er kurz darüber, war das da drüben ein springender Karpfen oder nur ein tauchendes Blesshuhn, soll ich nicht doch lieber auf Renken statt auf Saiblinge fischen, welche Farbe soll mein Gummifisch haben? Und, und, und.

An dieser Stelle geht es noch endlos weiter, ist für Nichtangler aber sehr langweilig, die müssen es mir einfach glauben: Angeln ist fortwährendes Zweifeln, ständiges Fragmentieren der Strategie, zwanghafte Optimierung – und deshalb eigentlich eine sehr zeitgemäße Passion. Simpel gesagt: Solange nichts beißt, macht man was falsch. Auch wenn er äußerlich ruhig ist, innerlich tobt im Angler die Unruhe. Es ist eine schöne, wichtige Unruhe, denn sie ist nicht belastend.

Die Restwelt hat man hinter sich gelassen, als man in die Stiefel geschlüpft ist. Weil Angeln eben alle Sinne beansprucht und nicht nur einfach Boulespielen ist. Ich könnte keine Seite lesen, weil ich ständig das Gefühl hätte, auf dem Wasser und an meinen Ruten etwas zu verpassen.

Wenn mich, was manchmal vorkommt, ein Arbeitsanruf beim Angeln erreicht, tauche ich mühsam aus meinen Überlegungen von zu ändernden Hakengrößen und zu wechselnden Tiefen auf, ich spreche ins Telefon wie jemand, der gerade aufgewacht ist, und traue mich niemals, zu sagen, dass ich gerade in einer Lücke im Schilf sitze, weil das, nun ja, eben in der echten Welt für faul genommen wird. Man ist allein, weg von allem, hört ein paar Stunden nur echte Geräusche und ist versunken in sein kleines Herumwursteln. Es ist die größte Reise, die man an einem halben Tag unternehmen kann.

Väter und Söhne

Seit der Kometennacht, in der wir übrigens keinen Waller gefangen haben, gehe ich manchmal wieder mit. Es ist friedlich freitagnachmittags auf dem Steg, ein ruhiger, weiter Sommer, und mein Vater bietet mir immer Bier aus seiner Dose an, obwohl er auch nur eine dabei hat. Es schmeckt Alu-bitter, aber auch schön erwachsen. Erst Jahre später, als ich mit einem alten Freund ganz woanders einen Abend lang und ohne Angel am Rhein sitze, lerne ich diesen letzten Angelsommer richtig schätzen.

»Du hast viel Zeit mit ihm gehabt«, sagt der Freund. Und das stimmt. Ich sehe das jetzt: Angeln ist eine tolle Verbindung für Väter und Söhne, eigentlich perfekt. Man muss nicht viel reden (kann aber, wenn Bedarf ist), man darf endlos fachsimpeln, man hat etwas gemeinsam, was nicht immer neue Bekräftigung braucht.

Das Bemühen der Väter um ihre Söhne lässt ja ab einem gewissen Alter einfach nur deswegen nach, weil die sich nicht mehr auf den Schultern durch den Zoo tragen lassen oder vor Begeisterung ausflippen, wenn es ins Eisenbahnmuseum geht. In dieser Zeit driften die Männer der Familie auseinander, einfach weil die Worte fehlen und irgendwann auch die Kraft, was Gemeinsames zu finden, etwas, was keinen von beiden nervt. Es ist aber wichtig, so etwas mit seinem Vater zu haben, sonst sitzt man sich irgendwann beim Kaffee gegenüber und kommt über Smalltalk nicht mehr hinaus. Mütter haben da meist noch ganz andere soziale Panzerbrecher auf Lager, aber unter Jungs ... schwierig.

Das Angeln war unsere Sache, wir haben Geschichten erlebt, und das ist das Wichtigste, denn Geschichten lassen sich unendlich wiederholen und sind trotzdem immer mehr als Smalltalk. Wichtiger noch: Wir waren nah beieinander. Wir hatten etwas Eigenes, wie eine Geheimsprache, einen gemeinsamen Code, auf den wir bis heute anspringen.

Ich habe Freunde, die kommen von der Beerdigung ihres Vaters und sind betäubt, weil ihnen zu spät aufgefallen ist, dass sie fast keine gemeinsamen Geschichten mit ihm haben. Es muss nicht Angeln sein, wahrscheinlich reicht auch eine gemeinsame Stadionkarte oder zusammen Rennrad fahren. Wichtig ist nur, dass es ohne große Verabredung funktioniert, ein Nicken am Samstagmittag muss reichen, ein stummes »Gehen wir?«, denn das kriegen Väter und Söhne immer noch hin.

Angeln ist nie zu Ende, das geht auch noch, wenn einer von beiden gebrechlich ist, es geht auch, wenn man nur noch davon erzählen kann. Die Neugier, was der andere gefangen hat, wo in der Welt er geangelt hat und ob man unter dieser Brücke im Park vom Altenheim vielleicht einen Karpfen dümpeln sieht (da ist immer einer!) – das bleibt bis zum Schluss.

Tragödien

Wegen Hobbyaufgabe zu verkaufen. Das steht gelegentlich in den Anzeigen im Angelmagazin oder bei eBay, und danach folgt eine Liste mit Angelruten und Rollen. Wenn ich das lese, habe ich ein ganz ungutes Gefühl weit unten im Bauch, weil ich weiß, da ist was Schlimmes passiert, eine fürchterliche Diagnose vielleicht oder eine unerbittliche neue Frau. Es muss was Schlimmes sein, denn das Angeln gibt man nicht einfach ganz auf, weil man keine Lust mehr hat, so wie man vielleicht Trompetespielen aufgibt oder ein kleines Ferienhaus im Schwarzwald. Pausieren ja, zwei Jahre keine Lust haben, meinetwegen, aber Angeln einfach so aufgeben, nie mehr an einem Brückengeländer stehen und hinunterdenken? Nein, da muss was wirklich Schlimmes passiert sein.

Die perfekte Frau

»Ich fasse es gar nicht, dass es eine Frau gibt, die dermaßen erfolgreich ist und dazu auch noch so verdammt hübsch, du hast meinen größten Respekt.« Das schreibt Stefan eines Tages auf die Homepage von Babs Kijewski. Sein Gästebucheintrag fasst zusammen, was fast alle Gästebucheinträge hier täglich zusammenfassen möchten: Begeisterung, die aus den Männern herausplatzt, glückliches Gestammel von Typen, die sonst nicht stammeln, Heiratsanträge von Männern, die längst verheiratet sind. Das liegt nicht daran, dass Babs jung ist, blond und braun gebrannt und man auf den Bikinifotos ihre Bauchmuskeln sieht. Oder es liegt nur zur Hälfte daran. Die andere Hälfte machen die Fische aus, die Babs auf diesen Fotos im Arm hat, Zander, Hechte, Welse, allesamt ziemlich groß für ihre Verhältnisse, manche größer als die zierliche Babs selbst. Babs ist Anglerin. Eine ungewöhnliche Erscheinung bei einem eher gewöhnlichen Zeitvertreib. In Deutschland gibt es etwa 1,6 Millionen aktive Angler – so viele

Menschen, schätzt man, sind auch Vegetarier. Aber Angeln ist ein Männerhobby. So sehr, dass das führende Fachmagazin *Blinker* einmal eine Sonderserie brachte, über Frauen, die tatsächlich angeln und nicht nur ihren Mann ans Wasser begleiten. In der zehnten Folge war Babs dran, die von sich sagt, dass sie mindestens viermal die Woche am Wasser sein muss, um glücklich zu sein. Babs, die Barsch-Expertin, Babs aus Köln, die im Urlaub nach Frankreich zum Welsfischen fährt, Babs, die neuerdings Profi-Anglerin ist.

Es gibt Underground-Angelblogs, Urban Fishing, Berliner Guerilla-Angler, und seit die Fachzeitschriften DVDs mit Angelvideos beilegen, boomt auch die Filmkultur, bei der die schnell geschnittenen Clips nicht selten mit Punkmusik unterlegt werden. Angeln, das ahnt der aufmerksame Leser dieses kleinen Buches längst, ist eine Materialschlacht mit unendlich vielen Kleinteilen. Die Marken brauchen Botschafter, und so ist der Beruf des Profi-Anglers erfunden worden. Er posiert auf Anzeigen, bestreitet internationale Wettbewerbe, fischt in Videoclips erfolgreich mit dem neuen Gummiwurm der Firma X, und jeder Amateur-Angler wird den Kauf des neuen Gummiwurms in Erwägung ziehen, wenn er zwei Tage lang nichts fängt.

Die hübsche Babs, die auf ihrem Blog so ungeniert im Bikini mit dicken Fischen posiert, wurde zu diesem Zweck von der amerikanischen Firma Zebco ins Profi-Team geholt. Will man die Frau treffen, die sich mit zwei Meter langen Welsen anlegt, ist sie darüber so erschrocken, dass sie sich für das Treffen Zettel schreibt, um nicht all die Dinge zu vergessen, die sie sagen möchte. In ihrem Auto riecht es nach Knoblauch und Vanille, und Babs sagt verlegen, das käme noch von den Boilies, die sie vergangene Woche transportiert hat. Boilies sind knallharte kleine Teigkugeln, die sehr stark duften müssen, nach Vanille, Knoblauch, Leber oder Tuttifrutti, damit die Karpfen sie später tief am Grund auch finden.

Die Angelruten im Kofferraum klappern, Babs plappert und zappelt unentwegt, so viel, dass man schon ahnt: Leise sein und still sitzen beim Angeln, das gehört wohl auch eher zu den Klischees. Später steht sie auf einer Buhne, der Rhein schwappt, und Babs sagt fröhlich: »Verflixt, jetzt möchte ich hier doch gleich angeln, aber nein, wir müssen ja ein seriöses Gespräch führen.«

Seit einigen Jahren also testet sie laufend neue Ausrüstung, steht bei Messen am Firmenstand und erläutert die Neuheiten. Sie trägt in Videos und auf den Fotos eindeutige Verweise auf ihre Sponsoren. Für die Firma ist sie nicht nur ein exotischer Hingucker. Babs sagt, die Männer glauben ihr auch, wenn sie auf der Messe über die perfekte Zanderrute spricht. Man kennt sie schließlich in der Szene und weiß: Die junge Frau hat mit ihren 1,59 Metern Körpergröße schon mehr dicke Fische gefangen als die meisten gestandenen Angler, sie hat mit den wichtigsten Profis zusammen gefischt, es kam auch ein Filmemacher aus den USA, der ausdrücklich nur mit ihr fischen gehen wollte.

»In Amerika kann man mit Angeln tatsächlich schon

Millionär werden«, sagt Babs sehnsüchtig, und dann: »Schau, Barschbrut!« Vor ihren Füßen im Rheinwasser schießen winzige Fischlein zwischen die Buhnensteine, und Babs freut sich, als hätte sie zum ersten Mal einen Fisch gesehen. »Ich kann nichts dafür, ich denke vierundzwanzig Stunden am Tag ans Angeln und habe ernste Entzugserscheinungen, wenn ich mal längere Zeit nicht gehen kann.« Schon vor ihrem Sponsorvertrag richtete sie ihr Leben danach aus. Auto, Wohnort, Freund müssen unbedingt angelkompatibel sein, und der Beruf eben auch, deswegen ist jetzt das Profi-Angeln so verlockend. »Momentan kann ich davon nicht leben, aber das ist definitiv das Ziel.«

Sie schreibt für Fachzeitschriften, sucht weitere Sponsoren, beantwortet Fragen ihrer Facebook-Fans und entwickelte mit einer Produktionsfirma eine Angelshow. »Ich möchte das Angeln viel besser und fröhlicher präsentieren als alles, was es bisher dazu gibt«, sagt sie und strahlt überzeugend. Babs ist eigentlich die Botschafterin, die sich jedes Männerhobby wünscht: vollvergnügt, unbedingt fernsehtauglich, dezent tätowiert. Und dazu erzählt sie dauernd Geschichten wie die von der Klausur, die sie nur verhauen hat, weil ein Aquarium im Zimmer stand und sie deswegen abgelenkt war. Aber warum fängt sie eigentlich so gut?

»Einfach weil ich mich mit nichts anderem beschäftige, seit Jahren alles andere unterordne. Außerdem, glaube ich, haben Frauen in manchen Momenten beim Angeln das bessere Feingefühl.«

Angefangen hat es für Babs als Kind, sie ist aus

Neugier mal mitgegangen, wie viele kleine Jungs auch. Spannung und Ungewissheit, die jede Angelminute zu einem Abenteuer machen können, haben auch in der Pubertät ihren Reiz behalten, so sehr, dass Babs ihren Angelschein machte. Damals, noch in ihrer Heimat Berlin, merkte sie zum ersten Mal, dass etwas nicht normal ist, wenn sie mit der Angelrute am Kanal steht. Kein Mann konnte an ihr vorbeigehen, ohne seine Verwunderung kundzutun. »Du bist doch Fake!«, sagten die Jungs, so oft, dass Babs irgendwann anfing, Männerklamotten zu tragen und eine Mütze, um nicht gleich als das erkannt zu werden, was sie nun mal war: ein Mädchen, das Fische fangen wollte.

Aus ihrem Freundeskreis hört sie seither die Vorwürfe, die jeder Angler kennt: Quälerei! Eklig! Langweilig! Sie zuckt fröhlich mit den Schultern, sie hat das schon so oft erklären müssen. Eklig? Findet sie nicht, sie küsst sogar jeden Fisch, den sie zurücksetzt, und wenn man sich die Videos ansieht, auf denen sie noch Minuten nach einem Fang selig strahlt, dann glaubt man: Es ist ein echter Kuss. Langweilig? Keine Spur. Sie, die keine fünf Minuten still sitzen kann, hat sich auf Methoden spezialisiert, bei denen Bewegung gefragt ist, und außerdem: »Es passiert dauernd irgendwas beim Angeln. Oder ich falle ins Wasser.« Und der Vorwurf der Tierquälerei, ausgerechnet mit zarten Frauenhänden? Sie seufzt, ein Riesenthema, ewig wird das schon diskutiert, zwischen Tierschützern und Angelverbänden, ob der Fisch im Maul ein Schmerzempfinden hat und so weiter. Babs sagt dazu: »Wir werden das nicht so lösen können, dass jeder zufrieden ist. Ich habe eben einen besonders ausgeprägten Jagdtrieb, der nun mal auch zu uns Menschen gehört. Oder zumindest zu den Herren.« Sie kichert und kann sich nicht erinnern, wann sie zuletzt einen Fisch getötet hat. »Außerdem sind Angler mit ihren bezahlten Erlaubnisscheinen und die Angelvereine die Einzigen, die überhaupt für Fischbesatz in den Gewässern sorgen.«

Vor einigen Jahren jedenfalls hat sie das mit den Männerklamotten beendet und ist in die Offensive gegangen, hat sich in Foren engagiert und ihre Homepage gestaltet, mit Fotos, von denen sie wusste, dass man so etwas in Deutschland noch nie gesehen hat. Seither hat sie überall in der Szene Begeisterung ausgelöst. »Ich möchte die bekannteste Anglerin Deutschlands werden, das ist das Ziel«, sagt sie heute.

Als Profi hat sie längst andere Ziele als jeder Normalangler. Sie konzentriert sich einen ganzen Sommer lang nur auf kapitale Welse oder arbeitet an ihrem Hechtrekord. Die Größe der Fische, vor allem ihre Länge, das sind eben die Statussymbole beim Profiangeln. Man spricht nur vom »50er-Barsch« oder vom »Meterhecht«. Profis können auch anhand des Fotos unterscheiden, ob es ein 90er-Zander oder doch eher nur ein 85er ist. Babs muss diese Margen erfüllen, regelmäßig, um im Geschäft zu bleiben – eigentlich wie jeder Sportler. »Und die Großen sind ja nicht umsonst so groß geworden, die sind wahnsinnig schlau und selten«, sagt Babs und erklärt damit, warum sie ständig angeln muss, oft tagelang ohne Unterbrechung.

Mindestens so selten wie 50er-Barsche sind weibliche Gleichgesinnte, auch wenn sich zunehmend Frauen bei ihr melden, die auch angeln. »Es gibt mehr, als man denkt«, sagt Babs, aber das bedeutet natürlich immer noch: wenig. Deswegen wundert sie sich auch nicht über die täglich neuen erstaunten Gästebuchkommentare und Heiratsanträge auf ihrer Homepage. Sie brauchte nur etwas, dann hatte sie die simple Tatsache verstanden: »Seit ich angle, bin ich für viele Männer eben die perfekte Frau.«

Anglertypen

Der Stippangler

Ein sehr exzentrischer und nicht mehr allzu häufiger Typus, mit dessen Einordnung auch gestandene Angler gelegentlich Probleme haben.

Das Stippangeln war und ist populär in Gebieten mit stark industrieller Landschaftsnutzung, die als Nebenprodukt lange eintönige Kanäle hervorgebracht hat. An diesen Gewässern muss man nicht weit auswerfen, der Stippangler kommt mit einer acht Meter langen Rute überallhin. Er verzichtet deshalb auf die Rolle und knotet die Schnur einfach an einen elastischen Gummizug an der Spitze seiner Rute. Und damit stippt er dann eben, auf kleine und kleinste Friedfische, denn für Kräftigeres ist seine Methode nicht ausgelegt. Er zieht also eine nicht ganz ersichtliche Befriedigung aus dem Fang von zum Beispiel zweihundert fingerlangen Rotaugen oder wagt sich an besonders guten Tagen an eine tellergroße Güster. Wenn ein Allroundangler derlei grätenstarrende und tropfäugige Weißfische fängt, empfindet er es als Petris persönliche Strafe. Der

Stippangler aber hältert diese Fischlein traditionell in seinem Setzkescher (der heute fast überall verboten ist), um dann am Ende des Tages stolz das erzielte Gesamtgewicht zu messen. Er war es auch eigentlich, der einst die Wettfischerei begründete. Noch heute gibt es Stippmeisterschaften, obwohl das Stippen bestimmt die Angelmethode ist, die in der Bevölkerung für die nachhaltigste Irritation sorgt. Und die meisten Passanten ahnen wohl noch nicht mal, wie viel Aufwand die Stippangler mit der richtigen Futtermischung in ihren Eimern betreiben.

Davon abgesehen, kann sich der Stipper immer darauf berufen, dass er eigentlich dem puristischen Angeln nachgeht, ganz in der Tradition eines Tom Sawyer – Stock mit Schnur und Schwimmer ins Wasser, fertig.

Der kleine Königsfisch

Wie ich nach einer halbe Ewigkeit wieder mit dem Angeln angefangen habe, das ist auch so eine Geschichte.

Ich war ja nach dem Kometensommer am Weiher immer seltener mit meinem Vater gegangen, war noch ein paarmal mit ihm am Steg, aber dann: Abitur, Zivildienst, Verliebtsein, Musik und schließlich Journalistenschule in einer anderen Stadt – das Angeln verschwand aus meinem Leben, und ich vermisste es nicht sehr. Es gehörte irgendwie zu dem Paket, das ich hinter mir lassen wollte, zu dem Alten, Kindischen. Ein paar Reflexe waren aber natürlich schon noch da: Kam ich an einem Angelgeschäft vorbei, schaute ich ins Schaufenster; entdeckte ich irgendwo einen Angler, registrierte ich seine Methode und sein Gerät; und manchmal sah ich, wenn wir morgens nach dem Ausgehen im ersten Licht am Stadtweiher vorbeikamen, einen Fisch aufgehen, wo alle anderen nur Wasseroberfläche sahen.

Nach ein paar Jahren, ich war inzwischen Zeitungsredakteur und zurück in München, fing ich dann an, vom Angeln zu träumen. Vielleicht träumte ich auch erst von meinem Vater, aber dann ging es immer zusammen zum Fischen. Man fängt ja immer sehr gut in Angelträumen. Ich merkte, wie sehr das eine und das andere in mir verknüpft waren, und fühlte eine Traurigkeit, dass beides so weit weg war. Mein Vater hatte ein neues Leben begonnen und war in ein anderes Land gezogen, ich sah ihn nur noch sehr selten.

Noch ein paar Jahre und viele Angelträume später stehe ich dann auf dem Gang des Kreisverwaltungsreferats, in der Hand das Zeugnis meiner bestandenen Fischerprüfung aus dem Jahr 1991, das Zeugnis, das ich mit elf Jahren bekommen hatte. Es ist ein kleines Wunder, dass dieser erste offiziell beglaubigte Erfolg immer noch Gültigkeit hat, am liebsten würde ich der Dame mit den Stempeln sagen: Sehen Sie doch mal, da war ich elf! Aber in diesen Zimmern ist ja nie Luft für mehr als das Nötigste. Fünf Minuten später habe ich wieder einen gültigen Fischereischein, und nach und nach beginnt ein sehr alter Motor wieder zu tuckern. Ganz leise noch.

Ein weiteres halbes Jahr später, die Madame und ich sind über die Jahresendfeierlichkeiten aufs Land gefahren, suche ich an einem kalten Januarmorgen das im Schuppen zusammen, was von meinem Angelzeug die letzten zehn Jahre überdauert hat. Ein kläglicher Rest ist das, die meisten Ruten sind beschädigt oder verschenkt worden, die Rollen haben dicke Schlieren aus altem Öl, Staub und Sägespänen, und die Schnüre kringeln sich brüchig. Ich kaufe ein paar Sachen, nur das Allernötigste, in der Billigecke. Ich will nicht wieder richtig damit anfangen, nur mal so, nur einmal ausprobieren, als Gag. Julia ist zum ersten Mal in einem Angelgeschäft und findet das alles amüsant. Eine Tageskarte für den Inn kriege ich auch, und der Verkäufer verrät mir dazu, was ich schon weiß: dass man es vergessen kann im Winter. Jetzt seien nur die Huchenangler draußen. Und wir sehen beide an meinem Einkauf, dass ich kein Huchenangler bin.

Trotzdem fahre ich am nächsten Tag an den Inn, es ist der vierte Januar. Ich denke gar nicht an den Huchen, ich muss nur mal raus, nach der ganzen Feierei. Ich will nur endlich mal wieder eine Angel auswerfen. Ein Winterfluss ist eine unnahbare Diva. Die Ufer sind kahl, die Weiden dippen ihre Äste ganz spitz ins Wasser, und das ist die einzige Bewegung weit und breit. Leise und groß fließt der Inn, seine Strudel, seine wenigen Schwellen sind jetzt ganz tiefgrün, das restliche Jahr über führt er braunes Schmelzwasser. Er ist so breit hier, kurz vor Passau, sicher dreihundert Meter. Ich bin auf der österreichischen Seite. Es ist trüb, es riecht nach Schnee, kein Mensch ist in den Auwäldern. Die Huchenfreaks, hatte ich gelesen, gehen aber erst bei richtigem Schneefall ans Wasser, das würde dem Fisch gefallen. Ich bin kein Huchenangler. Ich habe also keinen Huchenzopf als Köder, auch nicht die starke Rute, die große Rolle, die dicke Schnur, die man unbedingt braucht, denn ein Huchen kämpft bekanntlich nicht nur wie ein Torpedo, er hat auch so eine Körperform.

Ich habe die auch, weil ich so dick eingepackt bin, dazu nur ein paar alte Hechtblinker und eine ziemlich weiche Rute. Ich bin nicht mal ein Angler, sondern höchstens ein Ex-Junkie, der auf dem besten Weg ist, einen Rückfall zu kriegen, egal wie aussichtslos das Unterfangen hier ist. Das gelbe, gefrorene Ufergras knistert unter meinen Schuhen, als ich endlich das Kehrwasser unterhalb des großen Staudamms erreiche.

Da soll ein Huchen stehen, gleich im Kehrwasser hinter dem Turbinenschuss. Das erzählt man sich so, oben, im Innviertel-Dorf Mining, und man erzählt es sich schon ziemlich lange. Beweisen kann es keiner, aber irgendeiner hat ihn mal gesehen, ein Mordstrumm soll das nämlich sein, jawohl. Deswegen ist auch heute ein Angler da, wo sonst weit und breit kein Mensch unterwegs ist. Er hat einen riesenhaften Kescher auf den Rücken gegürtet, wie man ihn eigentlich nur am Meer hat. Steht da und wirft unentwegt die Angel aus, obwohl der Fluss hier im Schatten noch Randeis hat. Ein falscher Schritt auf den vereisten Steinen, und der Typ liegt für immer drin. Aber das weiß ich schon: Huchenangler sind harte Hunde. Wir grüßen uns, ich komme mir mit meiner improvisierten Angeltasche und dem unpassenden Stadtmantel ziemlich lächerlich vor. Ob sich etwas rühre, frage ich. »Na, no net.« Es kann auch ein »A woher« gewesen sein, das klingt in dem oberösterreichischen Brummton fast gleich. Es rührt sich also nichts im Kehrwasser. Dort, wo der alte Huchen stehen soll. Ein silbriger Gummifisch, dem aus dem Rücken ein Einzelhaken wächst, fliegt an die Stelle. Sein

Besitzer will nicht reden, das merke ich schon; als ich das Wort »Huchen« sage, winkt er ab, wird eh schon zu viel Gewese gemacht um den, meint er. Und platsch, fliegt der falsche Fisch wieder ins Kehrwasser.

Das muss man verstehen, und deswegen versuche ich jetzt erst mal, etwas zum Huchenangeln zu erklären, weil diese Nischenpassion auch viel über Angelsucht im Allgemeinen erzählen kann. Also, Geheimniskrämerei und Misstrauen sind wichtige Tugenden unter Huchenfischern. Es gibt nicht viele von ihnen. Nein, in jedem Ort, der an einem Fluss Richtung Donau liegt, sitzt höchstens einer am Anglerstammtisch, dem der Huchen keine Ruhe lässt. Einer, der es kaum erwarten kann, dass endlich der erste Frost kommt, die anderen Angler die Saison beenden und ihre Ruten und Rollen bis April im Schrank lassen. Das ist dann die Zeit nur für den Huchen, ein paar kalte Wochen im Jahr, bis im Februar schon wieder die Schonzeit einsetzt und er nicht mehr gefangen werden darf. Im Sommer geht er nicht an die Angel, dieser exzentrische Fisch, nur im Winter, wenn die Nahrung knapp ist, haben die Angler eine Chance.

Es gibt viele Merkwürdigkeiten wie diese rund um den Huchen. So viele, dass man glauben könnte, er wäre insgesamt nur ein Fabelwesen, wenn nicht jedes Jahr doch wieder einige Huchen gefangen würden und die Angelzeitschriften dann große Bilder davon druckten. Neben dem Fisch stehen die Fänger, denen man die vielen Eisnächte ansieht, das jahrelange Warten auf diesen einen Anbiss. Stolz in ganz kleinen Augen, Stolz auf den Königsfisch, wie Rainer Bouterwek ihn nennt, mit dem ich mich mal über den Huchen unterhalten habe. Der Mann war vierzig Jahre lang hinter dem Fisch her, hat sogar ein Buch darüber geschrieben, er ist ein Infizierter, sagt er selbst. Heute ist er siebenundachtzig und Anglerlegende, auch wenn er nicht mehr ans Wasser geht, aber das Wort »Huchen« allein bringt ihn schon zum Erzählen, sämtliche Begegnungen mit dem Fisch sind noch klar in Erinnerung. Vielleicht weil es so wenige waren. Da merkt man sich eben alles und auch, wie das Wetter war an dem Tag vor über dreißig Jahren.

Es hatte damals, Anfang Februar, über Nacht getaut, als er wieder einmal die fünfzig Kilometer bis zum Lech gefahren war und an einer »heißen Stelle« nach wenigen Würfen schon einen besonders berüchtigten Huchen an die Angel bekam. Fünf Minuten später war dieser Fisch noch etwas berüchtigter, weil er nur einmal den Kopf schütteln musste, um den Blinker loszuwerden, »wie ein Schäferhund, der ein Spielzeug schüttelt«, und dann wieder weg war und nie mehr gefangen wurde. Immerhin, mal kurz Kontakt gehabt mit dem Mythos, so sieht es Bouterwek bis heute. Der Lech war immer sein Fluss, einer der wenigen, die bis heute so etwas wie einen richtigen Huchenbestand haben. Jeden Winter werden in seinem alten Revier zwei bis vier Huchen gefangen, bei einem geschätzten Dutzend ernsthafter Huchenfischer, die heute im Verein sind, sagt Bouterwek. Könne man sich ja ausrechnen, dass die meisten leer ausgehen, viele jahrelang.

Groß, aber unsichtbar, begehrt, aber fast unbekannt – was ist das für ein Fisch? Das Lehrbuch zeigt den Huchen auf einer Doppelseite, während die meisten anderen Fische nur eine Seite bekommen. Kein Wunder, er sieht tatsächlich aus wie der Chef vom Fluss. Bronzefarben, mit einem bulligen Körper, der im Querschnitt fast rund ist und nicht, wie bei den meisten forellenartigen Fischen, stromlinienförmig schmal. Ritterlich irgendwie. Sein Maul ist weit eingeschnitten bis zum Kiemenbogen, als würde er immer ein wenig hinterhältig lachen. Und groß kann er werden, riesig! Allein das staatliche Schonmaß liegt ja schon bei siebzig Zentimetern, erst dann ist er ausgewachsen. Manche Vereine legen das Entnahmemaß aber gleich auf einen Meter. Nur wenige heimische Süßwasserfische werden überhaupt so lang, und beim Huchen geht's da erst richtig los. Es ist ein Lachs, nur eben noch schöner und viel seltener. Ein Superlachs, eine Megaforelle! Auch weil sein Vorkommen sehr exklusiv ist.

Früher hat es den Huchen immerhin in allen Zuflüssen der Donau gegeben, er ist über den Hauptstrom ins Land gewandert, ist über Inn, Isar, Mangfall, Lech bis in die Bäche und hat dort gelaicht. Heute ist er in Deutschland und Österreich so selten, dass die Rechtschreibprüfung das Wort partout in »Buchen« ändern möchte. Er kann nicht mehr wandern, weil seine Flüsse Strom erzeugen müssen oder ihr Lauf begradigt wurde. Der moderne Mensch ist ein Kiesbankräuber. Und der Huchen braucht für seine Laichgruben eine ganz spezielle Kiesmischung und Ruhe. Als in der Mur in

Oberösterreich mal ein Huchenpaar in flagranti beim Ablaichen erwischt wurde, kam sogar ein Fernsehteam von Servus TV und filmte es schamlos.

Wahrscheinlich wären die Königsfische ausgestorben, hätten nicht Angelvereine und Fischereibeauftragte seit Jahrzehnten welche eingesetzt, in die Flussstrecken zwischen den Staustufen wenigstens. Ein schwieriges Unterfangen, denn schon die Huchenzucht ist aufwendig und eher Hobby für Fischzüchter, die noch Herausforderungen suchen. Von der Münchner Luitpoldbrücke sieht man manchmal einen Huchen, der, unbeirrt vom Straßenlärm, in der Strömung steht und sehr lässig nur etwa alle halbe Minute die Kiemendeckel hebt und senkt. Eine echte Sehenswürdigkeit für Eingeweihte, dieser urbane Huchen. Leicht zu fangen ist er trotzdem nicht. Der Verein der Isarfischer, der diesen Abschnitt der Isar bewirtschaftet, hat sogar extra eine Huchenregel in der Vereinssatzung: Wer einen fängt, muss sofort den Vorstand anrufen. Und mehr als ein Huchen pro Jahr und Angler darf sowieso nicht entnommen werden. Einer pro Jahr, die Quote erreicht kein Huchenfischer im Leben. Die meisten frieren viele Winter vergeblich.

Rainer Bouterwek sagt, er selbst habe oft jahrelang die Spur des Fisches verloren. Aber es zeichnet einen echten Huchenfischer aus, dass er sich trotzdem an jedem erfolgversprechenden Tag auf den Weg macht zu den vermuteten Standplätzen, die nur er kennt. Ein großer Fels im Fluss, eine ausgespülte Rinne in der Flussmitte, so was mag er, der urwüchsige Donaulachs.

»Und da steht er dann und frisst dreißig Tage nichts!«, sagt der alte Fischer und hustet ein Lachen. Deshalb ist er so schwer zu fangen. Und natürlich weil er schlau ist. Die Kunstköder der Angler, die vielleicht von Hecht und Zander für echte Beute genommen werden, kommen dem Huchen oft verdächtig vor. Deswegen haben Angler schon vor hundert Jahren einen schaurigen Spezialköder erfunden, den sogenannten Huchenzopf. Der sieht aus wie ein Wischmopp mit Bleikopf, mit Armen aus Lederstriemen oder Streifen von Kaninchenfell, dazwischen ein paar Haken. Im Wasser tänzeln die vielen Arme dann appetitlich in der Strömung. Imitieren soll das ein Neunauge, einen kleinen aalförmigen Fisch, selbst längst vom Aussterben bedroht, aber: Lieblingsspeise des Huchens. Eine Nahrungskette, komplett auf der roten Liste.

Beißt wirklich mal einer an, einer jenseits der Ein-Meter-Marke, einer von den Tausenden, die in den letzten Jahren von den Anglern eingesetzt wurden, dann heißt das noch lange nicht, dass man den Fisch auch in den Kescher bekommt. Die Stammtischgeschichten vom Huchen sind meistens solche, bei denen er gewonnen hat. Weil er sich mit seinem ganzen Gewicht stur in die Strömung stellte, bis der Haken aufbog oder der Sprengring des Blinkers, weil er die Angelschnur um ein Hindernis unter Wasser wickelte, bis der Angler sie abreißen musste, weil er in der ersten Flucht nach dem Biss kraft seiner mächtigen Schwanzwurzel einen einzigen langen Spurt hinlegte und dabei alle Schnur von der Rolle riss. Der Huchen, ein Herkulesfisch. Es gibt in Landsberg ein kleines Geschäft, in dem Robert Kerler spezielle Geräte für den Kampf mit ihm anbietet. Selbstgebaute Ruten, unzerstörbar und trotzdem sensibel. Oder auch nur Wärmekissen für Füße, die stundenlang auf kalten Steinen stehen müssen. Wenn man Kerler, selbst einer der erfolgreichsten Lechfischer, anruft, um mit ihm über das Huchenfieber zu sprechen, sagt er so ungefähr das Gleiche wie der Mann am Innufer, nur auf Hochdeutsch. »Bitte nicht noch mehr Aufmerksamkeit für den Huchen. Der braucht Ruhe.«

So ist das eben. Der Fisch und seine Verfolger sind scheu, egal ob am Lech oder am Inn in Mining. Sie haben auch sonst viel gemeinsam. Stehen gern in schnellfließendem Wasser. Sind meistens Einzelgänger. Und wenn die ersten Schneeflocken fallen, werden sie unruhig.

Ich wandere weiter an jenem vierten Januar, an dem ich wieder anfange zu fischen, will den alten Huchensucher nicht stören. Eine Stelle, an der ein kleiner Bach in den Inn fließt, soll mein Startpunkt sein. Ich werfe in das grüne Wasser aus, die Strömung geht meinen Blinker hart an, sie trägt ihn gleich weiter, und am Ende des Einkurbelns ziehe ich ihn von zehn Metern unterhalb meines Standpunkts zu mir hoch. So ein ruhiger, kraftvoller Strom ist nicht leicht zu beangeln. Man muss sich etwas einfallen lassen, um das stoische Drängen des Wasser irgendwie zu durchschneiden, nicht immer abgetrieben zu werden. Und wo sollen hier Fische stehen? Außer dem einlaufenden Wasser des Bachs gibt es kilometerlang keine Struktur, nur viel kaltes Wasser, das immer bloß den Himmel spiegelt und nie verrät, was darin vorgeht.

Auf einmal, vielleicht vierzig Würfe nach Beginn meiner kleinen Wanderung am Fluss entlang, wird mein Kupferblinker in seinem Lauf gestoppt, es ruckt einmal an der Rute und ein zweites Mal mich aus meinen Gedanken. Ich bin zu erschrocken, um einen kräftigen Anhieb zu machen, aber es reicht auch so – am anderen Ende ist Leben, wütendes Leben. Der Fisch schießt ein bisschen in der Strömung hin und her, dann lässt er sich zu einer kleinen Sandbank am Ufer dirigieren. Erst denke ich, dass ich so einen Fisch noch nie gesehen habe, und dann weiß ich, dass es ein Huchen ist. Er hat nicht das Mindestmaß von siebzig Zentimetern, höchstens vierzig, wahrscheinlich ist er erst letztes Jahr eingesetzt worden. Eine Forelle in dieser Größe würde man schon bejubeln, so hebe ich aber den wertvollen Fisch gar nicht aus dem Wasser, fasse ihn kaum an, löse nur vorsichtig die Hakenspitze aus seinem großen Maul.

Er ist wunderbar, eine Schönheit, ein Fisch wie aus Edelmetall. Ich will unbedingt ein Foto machen, wahrscheinlich ist es der einzige Huchen meines Lebens, und fummle mit einer Hand an meinem Handy herum, das seinen Namen ja ganz zu Unrecht trägt. Als ich abdrücke, haut der Huchen gerade mit einem Schwanzschlag ab, zurück in sein Revier. Ich habe also ein Foto, auf dem viel weißes Wasser und irgendwo in dem Gewühl ein torpedoförmiger Fisch ist, eher zu erahnen, als zu sehen. Das war's. Mir ist ganz feierlich, ein Huchen beim ersten Angeln seit zehn Jahren.

Ich bin nicht gläubig, aber wenn ich dieses Erlebnis so aufschreibe, dann denke ich, diesen Huchen hat damals ein alberner Fischergott an meine Angel geschickt. »Hol den Scharnigg mal zurück!«, hat er gebrummt und einen seiner schönsten Fische gesandt, wohl wissend, dass ihm nichts passieren würde.

Der Plan ist ziemlich gut aufgegangen. Ich überschüttete Julia für den Rest der Ferien mit Angeltheorien und Plänen. Die eingefrorene Passion taute in Rekordzeit wieder auf.

Aus einem bayerischen Angelforum

Am Samsdog war i moi wieda aufm Sä. Do hob i mei Schleppkilometerkonto a weng aufgefüllt. Direkt zvui war ned los aufm Sä. Wos soi i song, gar nix war los, koa Zupfara, koa Ofassa und ned amoi an Henga hob i khobt.

Auf jädn Foi wars amoi wieda a scheena Dog. Beim naxdn Moi werd na scho wieda wos geh, hoff i moi.

Aufregung und Resignation, Einsicht und Zuversicht. Mehr ist zum Gemüt des vollkommenen Anglers eigentlich nicht zu sagen.

Der kleine Waldsee

1

Es ist noch ziemlich am Anfang meines zweiten Angellebens, da bekomme ich einen Waldsee geschenkt. Nicht richtig, aber es fühlt sich so an. Zufällig höre ich nämlich von einem Bekannten, sein Kumpel wäre Verwalter eines Weihers irgendwo zwischen Peißenberg und Penzberg, bestes Oberbayern also, und würde auch die Fischkarten dort ausgeben. Die lange Winterzeit hat meine Angelsynapsen empfindlich werden lassen, deswegen bin ich sofort hellhörig und stelle den Kontakt zum Verwalter her, um der Sache mit dem Waldsee auf den Grund zu gehen. Angler suchen ja immer nach neuen und im besten Fall unbekannten Gewässern, da sind sie genauso Schatzsucher wie Galeristen bei Bildern und Journalisten bei Geschichten. Tatsächlich ist der Verwalter am Telefon ein brummiger altbayerischer, aber doch redseliger Mensch, der schließlich mit ein paar Informationen rausrückt. Eigentlich gebe es nur zehn Erlaubnisscheine für eine eingeschworene Runde, die seit Jahrzehnten den Weiher befischt. Der Fischbestand sei als nicht anders als sehr gut zu bezeichnen, aber allzu konkret wird er dabei nicht. Nun, nach ein wenig Überredung und nur unter Hinweis auf eben unseren guten Bekannten stellt er mir eine Jahreskarte in Aussicht, ich höre die Skepsis in seinen Abschiedsworten. Einer aus München, ein Junger ... ob das gutgeht?

Ich überlege mir die Sache. Die Jahreskarte ist nicht gerade günstig, eigentlich will ich mich in jenem Jahr auf den Starnberger See konzentrieren, und eigentlich sind schon jetzt viele Wochenenden wieder mit Termintreibgut voll. Ich habe gerade einen Roman veröffentlicht und werde zu Lesungen eingeladen, und eine Lesung bedeutet immer zwei Reisetage. Andererseits, ich habe schon lange nicht mehr an einem Weiher gefischt, es erinnert mich an mein erstes Angelleben, eigentlich habe ich das Angeln genau an solchen Gewässern gelernt. Und ich weiß auch: So herrlich und elegant die Fischerei auf dem Starnberger See ist, so anstrengend kann sie bisweilen sein, wenn Segler, Wetter, Bootprobleme und die schiere Größe des Wassers der Entspannung zuwiderlaufen. Schnell mal zwei Stunden angeln ist da schwierig. Je länger ich darüber nachdenke, desto verlockender scheinen mir die Ruhe am Waldsee, die geheimnisvollen Schilfkanten, die ich mir ausmale, und die englischen Schwimmer aus feinstem Balsaholz, die nach Jahrzehnten in der Kiste vielleicht mal wieder verheißungsvoll vibrieren würden. Und außerdem: Wer weiß, ob es je wieder die Chance gibt, einer so exklusiven Fischerrunde beizutreten?

Ich fahre zu dem See, er liegt friedlich in einer Senke im Wald, fast kreisrund, an einer Stelle grenzt er an eine Kuhweide. Die Größe schätze ich auf etwa 1,5 Hektar, aber ich kann nicht sehr gut Weihergrößen schätzen. Um einmal drum herum zu spazieren, bräuchte man wohl etwa zwanzig Minuten, wären dabei nicht zwei Kuhzäune und ein paar morastige Löcher zu überwinden. Es gibt einen kleinen Auslauf, gespeist wird der Weiher laut Verwalter von zwei Quellen. Die tiefste Stelle ist etwa vier Meter tief, links und rechts sind zwei Schilfstreifen, dazwischen viel schwarzes Wasser. Keine Blesshühner. Es ist ein Geschenk.

Ich kaufe die Karte, auch wenn Julia nachdenklich den Kopf schüttelt. Egal, ich will Waldsee. Der Winter ist die Achillesferse des Anglers, habe ich das schon erwähnt? Zwei Wochen später, es ist Ende Februar: Direkt nach der persönlichen Musterung durch den brummigen, uralten Verwalter, bei der er von Zandern, Wallern, Karpfen und streitsüchtigen Badegästen am Weiher erzählt, statte ich dem Gewässer einen weiteren Besuch ab. Obwohl ich weiß, dass er zugefroren sein wird, habe ich eine klitzekleine Angel und eine Dose Mais im Rucksack. Die erste Ernüchterung kommt gleich nach dem Parken auf einem Wanderparkplatz – weiter darf man nicht fahren, eine nagelneue Schranke macht den Weg dicht, Fußmarsch durch den Wald ist angesagt. Das läuft meiner (inzwischen sehr detaillierten) Vorstellung vom »Genussangelparadies Waldsee« doch etwas zuwider. Nach fünfzehn Minuten Wanderung stehe ich dann vor dem Objekt der Begierde, verborgen unter einer dicken Eisschicht. Nun gut, ich wusste es ja. Das liebevoll ausgemalte Kopf-Aquarell wird auf dem Rückweg an einigen Stellen korrigiert: Statt der dicken Rutentasche packe ich gedanklich einen wandertauglichen Rucksack für den ersten Einsatz, suche die richtigen Ruten im Keller und überlege, wie man nach Ende der Schonzeit wohl den Zandern eindrücklich klarmachen kann, dass es einen Neuen gibt in der Fischerrunde.

2

Ich bin ungeduldig und muss sagen, es ist ganz gut, dass der Zuwachs in meinem Gewässerportfolio tief im Wald liegt. So haben in den letzten Wochen nur ein paar Wanderer die unschöne Szene mitbekommen, bei der ein voll ausgerüsteter Angler vor einem vollvereisten Weiher stand und rumpelstilzchenmäßig im Kreis hüpfte. Ehrlich, der blöde Waldsee, das am längsten vereiste Gewässer Oberbayerns! Zweimal stand ich schon umsonst da, jetzt soll es endlich losgehen, immerhin schon Mitte März, und es war die ganze Woche warm, jetzt muss doch …

Ich kann an diesem Tag etwas später arbeiten und finde mich deswegen gegen fünf Uhr früh auf der Autobahn wieder. Das lange Nichtangeln macht einen echt alarmierend bekloppt. Gegen sechs Uhr stehe ich am wohlbekannten Wanderparkplatz, schultere die Sachen und stiefele in den Wald – der Anmarsch ist eine gemeine Übung in Geduld, weil man erst nach zwanzig Minuten sieht, ob das Wasser hart ist oder sich endlich mal wellt.

Nun, es ist immer noch hart. Benommen taumle ich ans Ufer, eine dünne Schicht Nachteis, mehr nicht, aber immer noch absolut unmöglich zum Angeln. Am anderen Ende des Sees aber ist ein dunkler Fleck. Weil ich ja sonst nichts zu tun habe, wandere ich dorthin, und tatsächlich, drei mal drei Meter Wasserfläche sind eisfrei, ein lächerliches Loch, aber immerhin schon mehr bewegtes Wasser als in den ganzen letzten drei Wochen. Zwei Minuten später schnurrt ein kleiner Gummifisch in das Loch. Schließlich hat der Verwalter von stattlichen Barschen gesprochen, und wenn in dieser eisigen Pfütze schon etwas lebt, dann vielleicht ja die Barsche, die sich noch ein bisschen Laichproviant suchen. Was man sich daheim eben immer so ausdenkt.

Mit einem Gummifisch in einem winzigen Eisloch zu stochern macht allerdings keinen Spaß. Nach einer Viertelstunde tausche ich deswegen die Ruten, bleie den Schwimmer aus und habe zum ersten Mal seit langer Zeit wieder einen kleinen Schwimmer im Wasser, den Köder in doch immerhin zweieinhalb Meter Tiefe knapp über Grund gelegt, und das keine drei Meter vom Ufer weg. Sieht gut aus. Nicht nur der kleine rote Schwimmer, auch der ganze Weiher im ersten Sonnenlicht. Die Vögel flippen aus vor Freude über den

Frühling, einer singt immer »Lookatme!, Lookatme!«, ein Reh spitzt am Ufer gegenüber aus dem Wald, die Eichhörnchen machen Frühjahrsputz, und ja, auch ein Nordic Walker kommt vorbei und ist so freundlich, sein Erstaunen über den Eisangler nicht allzu deutlich zu zeigen. Die Sonne wärmt den Rücken, der Kaffee aus der Thermoskanne dampft im Becher, und nix rührt sich, aber auch wirklich gar nix.

Trotzdem vergehen die paar Stunden sehr schnell. Das ist ja eine der schönen Seltsamkeiten beim Angeln. Würde man einfach so auf einem Hocker am Weiher sitzen, nach zehn Minuten spätestens wäre es nicht nur saufad, man wäre auch geneigt, sich mal in Therapie zu begeben. Hat man aber eine Angel draußen, und sei es die unwahrscheinlichste, zum Beispiel zwei Maiskörner in einem Eisloch, rast die Zeit, und man rechnet es sich mit aller Kraft so hin, dass man noch eine halbe Stunde dranhängen kann. Keine Frage mehr nach dem Sinn, keine Spur von Langeweile, schließlich: Da steht der Schwimmer, jeden Moment könnte doch … Magie.

Gegen halb zehn schnipse ich die dieselben zwei Maiskörner ins Wasser, die ich vor drei Stunden angeködert habe, und mache mich auf den langen Heimweg. Im Büro am Schreibtisch merke ich, wie meine Augen stündlich kleiner werden, und immer wenn ich dem Verlangen nachgebe, sie mal ein bisschen zu schließen, habe ich das gleiche Bild auf den Lidern: eine kerzengerade, kleine rote Schwimmerspitze.

3

Drei Wochen Stress im Büro, und schon setzt der Rucksack unterm Schreibtisch wieder Staub an. Dabei hatte der rührige Waldseeverwalter sogar angekündigt, Ende März ein paar Forellen einzusetzen, um die Saison anzuschubsen.

»Pah, Satzforellen«, sage ich eines Abends zu Julia. »Das ist nichts für mich, ich hab mich ja schon als Kind geweigert, in der Western City diese Goldflitter aus dem Sandkasten zu waschen, die irgendjemand morgens dort ausgestreut hatte.«

Die Madame versteht das natürlich nicht, und ich verstehe, dass sie es nicht versteht. Seit einem guten halbem Jahr habe ich keinen Fisch mehr mitgebracht. Es ist nicht so, dass sie sich offen darüber wundert, aber in der näheren Verwandtschaft wird schon mal hinter vorgehaltener Hand gescherzt. Für den Laien ist eben nur der Angler ein richtiger Angler, der mal was zum Küchenplan beiträgt.

Julia denkt über die Satzforellen nach:

»Es gibt da Forellen, aber du willst sie nicht fangen, weil …?«

»Es gibt da eigentlich keine Forellen in so einem Weiher, weißt du, das ist kein Forellenwasser.«

»Aber die setzen trotzdem welche ein.«

»Ja, damit die Angler sie fangen können.«

»Aber … du nicht.«

»Weil es zu einfach ist.«

»Aber sonst ist es immer zu schwierig.«

Eine leichter Vorwurf liegt in der Luft, ich wechsle elegant das Thema und erzähle von der anstehenden Saisoneröffnung am Starnberger See, Motor und Boot stehen bereit, das Kennzeichen vom Landratsamt ist geholt: Seeforellen, wartet nur!

»Also die Starnberger Forellen, die willst du fangen?«

»Ja klar! Das gehört zum Besten, was einem Angler passieren kann. Eine Seeforelle, das wäre der Oberhammer!«

»Aber die Weiherforellen nicht?«

»Nein, igitt, die sind nicht echt.«

»Also essen wir am Sonntagabend Forellen, die echten, vom Starnberger See, richtig?«

»Ja, äh, na ja, wahrscheinlich nicht.«

»Warum?«

»Weil man die natürlich nicht fängt, die Seeforellen.«

Julia greift sich mit beiden Händen ans Hirn und lässt mich stehen, allein mit meinem seltsamen Fischerstolz.

Der 1. April ist dann ein amtliches Fiasko. Um sechs Uhr steche ich in Tutzing in See, es ist bitterkalt. Um sechs Uhr dreißig stelle ich ungewöhnliche Wassermengen im Boot fest, um sieben stehe ich mit nassen Füßen und einem frisch diagnostizierten Riss im Boden meines neuen Schlauchboots wieder an Land. Klassischer Fehlstart. Fluchend lade ich das ganze Gerümpel wieder ins Auto, wechsle die nassen Klamotten und überlege, was mit dem verkorksten Morgen anzufangen ist.

Eine halbe Stunde später stehe ich am Waldsee.

Spiegelglatt liegt er da, die Vögel ringsum jubilieren, der Ärger über den Bootsschaden klingt ein wenig ab. Ich habe nur die Saiblings- und Seeforellen-Garnitur dabei und muss improvisieren. Zum Glück liegt immer eine Dose Notmais im Auto, ein Hegene-Blei wird zum Grundblei ernannt und fliegt vor den Schilfgürtel. Mit der Seeforellen-Schlepprute werfe ich nebenher den kleinsten Blinker, den ich finden kann – zu dumm allerdings, dass der Starnberger See im April nur Köder ab zehn Zentimetern erlaubt, die ganzen kleinen Sachen sind daheim. Aber die debilen Satzforellen, von denen der Verwalter gesprochen hat, die beißen doch auf alles. Denke ich.

Nach einer Stunde tut mir der Arm weh, die Schlepprute ist eben doch keine Wurfrute. Ich sehe Karpfen in der Sonne dümpeln, aber an meinem Grundmais rührt sich nichts. Ab und an springt eine Forelle mit sattem Klatsch aus der Weihermitte, wie zum Hohn. Ich hänge einen schlanken Wobbler ein, und gleich beim ersten Wurf – Biss. Na also, denke ich, begrüßen wir Satzforelle Nummer eins! Stattdessen ist ein 40-Zentimeter-Hecht zu begrüßen, den ich, versehen mit dem Hinweis, er solle gefälligst laichen, wieder zurücksende. Zehn Würfe später hängt wieder ein Junghecht am Wobbler. Das ist zwar kurzweilig, aber wenig zielführend. Am anderen Ende des Weihers sind inzwischen ein paar andere Angler gekommen. Während der eine noch auspackt, drillt der andere die erste Forelle. So geht es weiter, im 5-Minuten-Takt keschern sie und haben einen Riesenspaß. »Scho wieda oane!«, hallt es zu mir herüber. Nichts fangen ist ja nicht so schlimm. Aber nichts fangen, während alle anderen fangen, das gibt selbst stoischen Naturen zu knabbern. Kann nicht wenigstens eine Schleie, ein Rotauge oder, bewahre, ein Brachsen am Grundmais vorbeischauen? Nichts tut sich. Herrgott, immer hat man das falsche Zeug dabei! Ich packe und bin um elf Uhr wieder daheim, Julia ist gerade aufgestanden.

»Keine original Seeforelle?«, fragt sie nett.

»Keine Seeforelle«, sage ich.

Abschied vom Waldsee oder Die Zeit

So oft ich in den ersten Wochen dieses Jahres zum Waldsee gewandert bin, so selten sieht er mich im Sommer. Es gibt gar keinen genauen Grund dafür, aber immer wenn ich losmöchte, kommt etwas dazwischen, und der Waldsee ist eben doch nicht so schnell erreicht, wie ich mir das in meiner winterlichen Idealvorstellung zurechtgedacht hatte.

Das ist eine gute Gelegenheit, um über die Zeit zu sprechen. Eigentlich verstehe ich nicht, warum Angler nicht ständig über Zeitmanagement reden, wenn sie zusammensitzen, sondern stattdessen über Zander. Ich erlebe die Zeit als das allergrößte Problem. Es beginnt schon eine Woche vor dem Angeltag. Wer nicht alleine lebt, muss einen Angeltag annoncieren, denn schließlich ist es nicht wie schnell eine Runde joggen. Ein Angeltag ist ein Tag zum Angeln. Wer berufstätig ist, weiß, wie schwer man dem bisschen Wochenende einen ganzen Tag abluchst. Am Samstag wird eingekauft, der Wertstoffhof besucht, endlich mal irgendwas geschafft, gekocht, geklärt, geräumt. Und Sonntag ist der Tag, an dem man seinem Partner treulich in die Augen sieht und sich dran erinnert, dass man einen hat. Unter der Woche sieht man sich ja eher flüchtig. Wie das Familienbesitzer mit dem Angeln machen, ist mir ganz schleierhaft. Ich kenne Konstellationen, wo der Partner sich eben fügt und mitkommt, aber das ist meistens für beide Seiten nicht besonders erquicklich.

Die Madame ist schon cool, sie lässt mich immer ziehen und erwartet keine Beweisfische. Aber ich will diesen Freischein nicht strapazieren. Es ist gar nicht so schwer, die Übersicht zu verlieren, und irgendwann hockt man nur noch auf dem See, hat aber niemanden mehr, dem man davon erzählen kann. Da ist dann die beste Passion wertlos.

Also, für den Samstag, von dem ich erzählen möchte, verkündet meine Wetter-App, dass es ganz ordentlich werden soll. Natürlich kann man auch im Regen angeln, aber ganz ehrlich, das macht nicht mal halb so viel Spaß. Als Nächstes folgt eine Entscheidung, die viele Außenstehende befremdlich finden. Ich muss mich entscheiden, auf was ich angeln möchte. Das ist ein langwieriger Prozess, den ich gerne hinausschiebe, bis es zu spät ist und ich mal wieder für alles gewappnet sein möchte. Aber das ist eigentlich Unfug, und vor allem wenn es so ist wie am Waldsee, wo ich zu Fuß ein gutes Stück laufen muss und deswegen nicht den ganzen Angelschuppen im Kofferraum transportieren kann. Also, eine Karpfenrute und eine Blinkerangel? Oder eine Zandernummer, ein Versuch auf Schleien? Hat nicht einer was von Wallern erzählt? Oder sollte ich nicht eigentlich nur mit leichtem Gepäck um den See wandern? Aber wenn ausgerechnet dann die Schleien gründeln? Hunderte solcher Kombinationen sind durchzuspielen, bis man sein Programm festgelegt hat. Ich glaube, richtig gute Angler erkennt man daran, dass sie diesen Prozess abkürzen und ganz klar sagen: Karpfen, sonst nix. Aber dazu bin ich vielleicht noch zu jung, und außerdem ist ein Angeltag einfach zu kostbar, um alles nur auf eine Karte zu setzen.

Die nächste Szene im Drehbuch ist: Ich vor dem Verhau aus Taschen, Ruten, Kartons und Kisten, der mein Angelzeug darstellt. Es ist ein Haufen, der sich auf beängstigende Weise ständig vergrößert und meinem ganzen Zimmer eine unschöne Schlagseite gibt. Aber irgendwo muss das alles lagern. Ich packe also Taschen und Kisten, suche die benötigten Bleie aus der Tasche und montiere die Rolle von dieser auf jene Rute und mache noch ein paar Dutzend anderer Vorbereitungen. Es ist nicht zu vermitteln, wie viel Zeit das bei mir in Anspruch nimmt, ich könnte problemlos einen Logistiker damit beschäftigen. Trotzdem fehlt am Wasser immer irgendwas: eine Zange, die Dose mit dem Kunstmais, auch gerne mal der Stuhl, obwohl der so ungefähr das Größte ist bei der ganzen Sache. Na ja, der Haufen jedenfalls ist schlimm. Meistens brauche ich zwei Gänge, bis ich alles im Auto habe, trotz Wanderausrüstung only. Dann muss ich früh ins Bett gehen, schließlich will ich am nächsten Tag zeitig anfangen. Alles Zeit, die in den Angelausflug investiert ist, bevor er überhaupt angefangen hat. Alles Zeit, die man zusätzlich vom Beziehungskonto abzweigt.

Ich stehe auf, brauche extra lange, bis ich wirklich alles habe, nein, noch mal die Plastiktüte vergessen, falls man wirklich was fängt. Müsliriegel und Kaffee in der Thermoskanne, Pflaster und Mückenspray, Sonnenschutz und Sonnenbrille – Angeln ist eben wirklich draußen, wenn was Wichtiges fehlt, kann das bedeuten, dass alles vergebens war und man wieder zurückwandern muss.

Die Anfahrt ist das Lästigste. Ich phantasiere deswegen seit langem von einem Ferienhaus, das eine Terrasse hat, von der man direkt losangeln kann. In Norwegen gibt es das manchmal, und es wäre ein herrlicher Gegenentwurf zu den einstündigen Fahrten, die ich zum Waldsee hinlegen muss. Ist halt so, wenn man Stadtangler ist. Na, bis die Köder im Wasser sind, vergeht noch mal eine halbe Stunde; bis ich sitze, alles justiert ist und so weiter, ist es halb zehn.

Dann kommt auch schon eine SMS von der Madame, in der sie fragt, was sich so tut. Ich schreibe konsterniert zurück, dass ich ja gerade erst angefangen habe: Natürlich noch nichts! Aber da geht eben die Wahrnehmungsschere auseinander. Für sie bin ich schon seit sechs Uhr morgens beim Angeln, für mich sind lächerliche eineinhalb Stunden richtiges Angeln durch, und diese Zeitspanne reicht noch nicht mal, um zu sagen, ob es ein guter Tag wird oder nicht. Trotzdem werde ich zwei Stunden später einpacken und das ganze Programm rückwärts abwickeln: zurück zum Auto, Stunde in die Stadt kurven, Angelzeug aus dem Kofferraum in den Keller, Gummistiefel aus, Thermoskanne spülen.

Ein Riesenaufwand, den ich gerne auf mich nehme. Wenn nicht immer das Gefühl bliebe, viel zu kurz beim Angeln gewesen zu sein. Aber das gehört wohl dazu, vor allem zu diesem Waldsee. Ich besuche ihn noch ein paarmal, aber immer stimmt irgendwas nicht. Einmal gibt es ein heftiges Gewitter, dann ist auf einmal Badespaß angesagt, und für Baden und Angeln ist der Weiher wirklich zu klein. Ich fange einen Hecht, das ist spannend, aber am nächsten Tag treffe ich einen alten Angler, der den Weiher auswendig kennt und mir glaubhaft versichert, außer ein paar alten Karpfen und ein paar halblustigen Hechten wäre eigentlich nix drin. Von wegen Zander und Barsche, haha, das erzähle der Verwalter jedem, aber wo sollten die denn hier sein? Er zeigt mit großer Geste auf den kleinen See. Es stimmt, viele Geheimnisse verbergen sich da wahrscheinlich nicht, das Wasser ist außerdem nur an einer Stelle vier Meter tief, weite Flächen sind gerade mal kniehoch. Außerdem wuchert im Sommer eine Algenart, die den Köder bei jedem Einholen in ein kleines grünes Paket verwandelt, sehr anstrengend.

Ich gehe also nicht mehr hin. Angeln, das ist immer auch ein Abwägen der Umstände, eine Zeitbilanz und ein Hindernislauf. Außer natürlich, man lebt in einem Haus mit norwegischer Angelterrasse. Wer so eins kennt, bitte Meldung an mich!

Möwen und andere Spötter

Es gibt nur eine Lachmöwenkolonie in Österreich, und ich sitze mittendrin. Der Inn hat heute die Farbe von Milchkaffee, mit etwas zu viel Milch. Es ist der Samstagvormittag vor Pfingsten, in jedem Dorf ringsum läuten vorfreudig die Kirchenglocken, aber ich höre es nicht, wegen der Lachmöwen. Sie lachen tatsächlich, ja, aber im Unterschied zu einem menschlichen Lachen hört das Möwenlachen niemals auf. Anfangs fand ich meinen Platz ganz gut, man ist ja interessiert, aber nach einer halben Stunde ist es doch ein bisschen anstrengend. Als hätte man ein Fußballstadion voller aufgeputschter Kindergartenkinder über dem Kopf. Die Stelle sieht aber eigentlich ziemlich fischig aus, der Inn hat hier ein paar Inseln angelandet, und dazwischen gibt es große und kleine Flussarme, manche sind flach, aber der, an dem ich sitze, hat bestimmt drei Meter tiefes Wasser.

Ich fische mit Futterkörbchen. Das ist auch so eine Methode, du lieber Himmel. Hat sich ein Engländer ausgedacht, schätze ich. Die Idee ist eigentlich ganz süß: Man tut ein bisschen Futter in einen kleinen Behälter, der an der Schnur hängt, dreißig Zentimeter dahinter kommt der Haken. Das Futter liegt dann am Grund und lockt die Fische zum Köder. Sie freuen sich über das Überraschungsmenü, schaufeln arglos rein, und zack, ist doch ein Haken an der Sache. Obwohl man auf diese Art eigentlich nur ziemlich langweilige Weißfische beeindrucken kann, ist das Futterkörbchen sehr populär, was bedeutet, es gibt im Angelgeschäft wieder mal eine halbe Abteilung nur für diese Art der Fischerei: Spezialruten, Spezialrollen, jede Menge Kleinzeug und zwanzig verschiedene Arten von Körbchen. Also, ich habe eine Spezialrute, ich habe das Körbchen und im Eimer einen Fertigfutterbrei angerührt. Auf der Packung dafür steht tatsächlich »Brassen 3000«. Ich finde, das wäre auch ein guter Name für eine nicht so gute Band.

Weil der Inn so groß ist und die Fische deshalb beim Versteckspiel die deutlich besseren Karten haben, schien mir die Sache mit dem Körbchen das Richtige zu sein. Ich hatte aber vergessen, warum ich diese Angelei eigentlich nicht mag – es ist eine ziemliche Sauerei. Alle zehn Minuten muss man das Körbchen kontrollieren und neu befüllen, der Fluss spült es ja immer gleich wieder aus. Also einholen, Körbchen öffnen, mit der Hand zwei Batzen von Brassen 3000 reinfummeln, Deckel drauf und wieder raus damit. Nach einer Stunde hat man überall Futterreste, auf der Stuhllehne, in der Angelrolle und im Bart. Zum Glück riecht der Brei nach Vanille und Ananas und nicht nach Blutmehl, so einen hätte es auch gegeben. Nur unter Wasser scheint das Zeug keine großen Fans zu haben, meine Rutenspitze denkt nicht mal daran, ein bisschen zu zupfen und zu zittern, alles ist ruhig, bis auf den Krawall der Möwen.

Auf einmal steht ein Typ neben mir. Ich habe ihn gar nicht kommen hören wegen des Lärms und erschrecke deswegen so sehr, dass ich beinahe einen Satz in den Futtereimer mache. Der Mann sieht aus, als würde er Werbung für die Firma Fjällräven machen, er ist von Kopf bis Fuß in blitzsaubere Outdoor-Kleidung gewandet. Um seinen Hals baumelt eine Kamera mit einem obszön großen Objektiv. Ah, ein Vogelheini, die kenne ich schon. Sie reisen durch die Republik, von der Lachmöwenkolonie zur Bartgeierkolonie, oder warten stundenlang im Schilf darauf, dass das Krickentenpaar Tango tanzt, und das fotografieren sie dann. Ich frage mich immer, was mit diesen Fotos daheim geschieht und ob sie daraus Kalender machen, die sie dann in der ganzen Verwandtschaft verschenken. Aber ich bin nicht in der Position, andere Passionen zu verachten. Nein, jeder darf natürlich an einem Samstagvormittag seiner wahnhaften Lieblingsbeschäftigung nachgehen, solange niemand dabei zu Schaden kommt. Der Vogelfreund ist aber offenbar nicht so locker drauf. Auf meinen Gruß hin bedenkt er mich mit dem gleichen Blick, mit dem man einen vollen Küchenmülleimer bedenkt, sagt nichts, aber macht vorsichtshalber noch zwei Schritte nach rechts. Gut, ich stecke in einer langsam aushärtenden Kruste aus Brassen 3000. Aber hey, wir sind doch beide Naturliebhaber.

Leider wird das selten so gesehen. Tierschützer hassen Angler. Vogelfans hassen Angler. Umweltaktivisten hassen Angler. Sogar unter einfachen Spaziergängern ist die Zahl derer, die Angler spontan hassen, relativ hoch. Wir kennen das schon. Dieser viele Hass ist der eigentliche Grund, warum Angeljacken so dick gepolstert und aus stabilem Stoff sind, wir setzen die Kapuze auf und lassen die Menschen gegen unseren Rücken schimpfen. Einmal pro Jahr muss man trotzdem ein Wortgefecht mit einem Tierschützer durchstehen, der wutentbrannt auf die Ruten losgeht und Kleinholz daraus machen möchte. Ich sage dann immer, dass ich vierhundert Euro pro Jahr dafür bezahle, vielleicht zwei Fische zu fangen. Zwei Fische, die der Verein vorher eingesetzt hat. Und dass ohne die Angelvereine in unseren Flüssen und Seen heute alles Mögliche schwimmen würde, aber wahrscheinlich keine Fische mehr. Und dass er lieber mal versuchen sollte, das nächste Wasserkraftwerk zu Kleinholz zu machen, dessen Turbinen die Fische wahlweise häckseln oder am Laichaufstieg hindern, sodass sie sexuell desorientiert die Vermehrung einstellen. Na ja, aber das zieht natürlich nicht. Der Tierschützer will den Angler hassen, und der Vogelbeobachter will, dass allen das Uferbetretungsrecht entzogen wird. Allen außer den Vogelbeobachtern.

So etwa sagt er es, ohne mich anzuschauen, er sieht dabei durch ein Fernglas den Möwen hinterher. Was die Angler kaputt machen, Wahnsinn wäre das, überall trampeln sie hin und lassen ihren Müll da.

»Ja, ja«, sage ich und rolle demonstrativ eine schöne dicke Kugel Brassenteig. Darin erkennt der cholerische Ornithologe offenbar eine Bedrohung für seine atmungsaktiven Klamotten und zieht den Rückzug an, nicht ohne noch »Stichwort Kormoran« zu murmeln.

Ah, der Kormoran. Das ist auch so ein ewiges Thema. Angler hassen nämlich auch gelegentlich, und meistens ist der schwarze Vogel Ziel dieses Hasses. Wer je einen Fischbesatz mitgemacht hat, bei dem man eigenhändig ein paar tausend teuer bezahlte Äschen, Saiblinge und Bachforellen in einen Bach setzt und dann am nächsten Tag zusehen muss, wie eine Hundertschaft Kormorane zum spontanen Picknick ansetzt und sich den ganzen Besatz holt, der kann vielleicht im Ansatz diese Abneigung verstehen. Aber für die Vogelbeobachter ist der Kormoran so eine Art Wundervogel. Der darf alles.

Warum Angeln?

Der vierte Versuch einer Antwort

Es ist spannend. Jeden Tag aufs Neue. Kein Angeltag ist wie der andere (ich weiß, das gilt für jeden Tag, aber beim Angeln eben besonders). Es ist spannend, nicht zu ahnen, was da draußen vor sich geht, wo die Köder liegen, worüber man mit seinem Boot treibt, nie zu wissen, ob die Methode von gestern noch funktioniert, was der nächste Biss bringt, ob es überhaupt einen nächsten Biss gibt. Ein Angeltag ist eine Wanderung ins Ungewisse. Selbst wenn sich nichts ereignet, konnte man es nicht vorhersehen.

Die Spannung beim Angeln hat viele Momente. Ist der mit einer Büroklammer zum Bissanzeiger improvisierte Weinkorken gerade zitternd über den Grashalm in die Höhe gewandert? Ruckt die Rutenspitze nicht zum zweiten Mal schon so seltsam? Ach, nee, sind wohl die Wellen. Aber jetzt!

Der Biss ist der Höhepunkt, ganz klar, der Moment, in dem aus der Idee des Anglers etwas wird. In den letzten Jahrzehnten wurde in den Magazinen immer wieder so getan, als wäre der Kampf mit dem Fisch, das, was die Anglersprache so unsympathisch Drill nennt, das Spannendste. Das finde ich nicht. Hängt der Fisch, ist er in 90 Prozent aller Fälle fünf Minuten später auch an Land. Ich erlebe diese Phase nur so lange als nervenaufreibend, bis ich den ersten Blick auf den Fisch erhasche, bis ich sehe, was es ist. Der Rest ist Logistik, bei der man bemüht ist, keine Fehler zu machen und nicht selbst ins Wasser zu fallen. Nichts gegen den ersten Kontakt! Vier Stunden sitzt man vielleicht schon da, und dann endlich tut sich was, selbst wenn es nur ein desperater einzelner Zupfer ist. Der Spannungsbogen macht Kringel wie eine Achterbahn, man muss eine halbe Stunde hinstarren und vergisst zu blinzeln.

Jeder einzelne Angelnachmittag kommt mir in der Rückschau seltsam kurz vor. Ich hatte doch gerade erst ausgepackt! Zwischen Julia und mir gibt es zu Hause dann den immer gleichen Dialog:

Ich: »Du, es war so spannend, so super. Ich habe nicht mal meinen Stuhl ausgepackt, so beschäftigt war ich.«

Julia: »Zeig her!«

Ich: »Was, herzeigen?«

Julia: »Na, die Fische.«

Ich: »Welche Fische? Gibt keine! Aber es war *so* kurz davor, einmal hatte ich …«

Julia irritiert ab.

Neben dem Biss passiert natürlich auch ständig was, die Natur ist ja zum Glück nie im Standby-Modus. Einmal ist mitten in einer meditativen Sitzung an einem komplett fischleeren Altwasser gegenüber ein Baum umgefallen, einfach so, mit Getöse ins Wasser geklatscht. Einmal ist direkt vor mir ein Maulwurf aus der Erde geschaufelt. Wir haben uns beide sehr erschreckt. Dann ist er, ohne zu grüßen, wieder ab nach unten.

Es passieren ja auch ständig Pannen, die ich niemals einer breiten Öffentlichkeit erzählen würde. Mir sind Rollen in die Ostsee gefallen, ich habe Schnüre in die Bootsschraube gewickelt, ganze Angeltaschen aus Versehen ins Wasser geleert. Meinem Vater und mir ist mal ein Aal in einer feuchten Nacht durchs hohe Ufergras entfleucht, und obwohl wir sofort und entschlossen die Verfolgung aufnahmen, bekamen wir ihn nicht zu fassen. Zehn Minuten später hörten wir nicht weit entfernt ein Geräusch, das nach siegestrunkener Heimkehr klang.

Es passieren nicht immer solche Geschichten, aber oft genug, viel öfter als, sagen wir, beim Tennis. Angeln ist spannend, weil man nie weiß, was nach der nächsten Kurbelumdrehung kommt und was am Haken hängt. Es ist seltsam, dass sich die Vorstellung, Angeln sei langweilig, überhaupt so lange halten konnte. Aber das sagen die Kaninchenzüchter wahrscheinlich auch.

Selbstversorgung

Ich habe einen wunderbaren Beruf. Manchmal zumindest. Manchmal ruft eine Redaktion an und schickt mich allein auf eine Insel, auf der es nur einen Leuchtturm gibt und ein paar Felsen, eine ganze Woche lang, und ich muss nichts tun, als darüber zu schreiben. Robinson-Feeling nennt das die Redaktion, aber ich finde, es klingt wie ein Urlaub, den ein Angler erfunden hat. Als ich ein paar Wochen später wirklich auf die Insel Porer zufahre, an Bord eines winzigen Fischerboots, ist sie sehr klein und das Meer, in dem sie liegt, sehr groß. Immerhin ist die kroatische Küste noch gut zu erkennen, und das Telefon zeigt zwei Striche Empfang, das ist Robinson deluxe. Der Weißwein, den der alte Fischer mir für die Überfahrt aus einem Kanister eingeschenkt hat, ist frisch von diesem Jahr und verträgt sich gut mit dem scharfen Abgas des kleinen Diesels. Der Alte mit seinem Zauselbart sieht meine Angeltasche und sagt: »Branzino.« Dazu deutet er vage hinaus, in das tiefe Wasser hinter meiner Leuchtturminsel. Ja, Wolfsbarsch, das wäre etwas. Ein stolzer Fisch, schwer zu fangen. Zu Hause habe ich auch von den Thunfischen gelesen, die es hier immer noch gibt. Wein und Zauselbart und Thunfisch – so nah an Hemingway war ich nie.

Ich werfe meinen Seesack auf den kleinen Steg, die Tasche mit den Ruten hebe ich vorsichtig hinüber, der Fischer stellt den Motor nicht extra aus, als wäre es gar kein richtiger Halt, bei der nächsten Welle reibt das Boot knarzend an den alten Pollern, ein großer Schritt, und ich bin an Land. Es ist der letzte große Schritt für die nächsten fünf Tage. Wir winken uns zu, dann muss ich mich umdrehen und vorsichtig meine Insel in Besitz nehmen. Eine kleine Felstreppe führt hinauf zum Turm, die ganze Insel hat vielleicht hundert Meter im Durchmesser, ist eigentlich nur ein einziger Felsen. Eine rostige Seilwinde, ein blätterndes Boot, kieloben vergessen. In der kleinen Küche im Leuchtturm packe ich meine mobile Speisekammer aus, es ist fürchterlich wenig: je ein Päckchen Reis und Nudeln, ein paar Zwiebeln, ein Fläschchen Öl, Schokolade und Müsliriegel. Ich wollte noch mehr kaufen im Supermarkt am Hafen, aber da hatte der Diesel schon getuckert, und alles, was ich noch raffen konnte, waren ein 10-Liter-Kanister Trinkwasser und zwei Packungen gefrorener Tintenfisch als Köder. Das muss reichen, ich habe ja die Angel.

Ich stoße die Fensterläden des kleinen Appartements auf und weiß danach: Jeder muss mal in einem Leuchtturm Urlaub machen. Jedes Fenster ist ein Gemälde, das Meer ist in allen Zimmern, die Wellen brechen sich zum Greifen nah an dem hellen Kalksteinfelsen, auf dem hier seit hundertfünfzig Jahren der Leuchtturm steht. Es gibt viele solcher Riffe vor Istrien und deshalb viele Leuchttürme wie diesen, mit einem schlichten Appartement für Urlauber, die eine Woche wirklich nichts machen wollen. Keinen Markt suchen und kein Restaurant, keine Altstadt besichtigen und keine anderen Touristen. Ich lege die Uhr ab, Schlüssel und Geldbeutel, alles ohne Nutzen hier draußen, ich packe nicht aus, lasse die Tür offen, der Wind schlägt sie zu, wenn er will.

Es ist warm an meinem ersten Nachmittag, die Adria plätschert fröhlich, ein paar Segler nehmen den Leuchtturm als Wegpunkt für ihre Halsen, und ich stehe da und winke ihnen. Grün ist das Wasser am Anleger, und ein paar Meter weiter schon saphirblau, und dann gleich schwarz, wo die Felswand in die Tiefe abbricht. Ein guter Platz zum Fischen. Obwohl ich fünf Tage vor mir habe, zerre ich ungeduldig am Reißverschluss meiner Rutentasche, binde mit fliegenden Fingern die Knoten. Wie anfangen? Ich bin kein versierter Meeresangler und schon gar nicht Adria-erfahren, aber es soll ja Robinson-Urlaub sein, und der hatte gar keine Angelausrüstung und keinen gefrorenen Tintenfisch als Köder.

Langsam treibt dann mein dicker Hechtschwimmer mit dem Bündel Tintenfisch am Haken hinaus, die starke Strömung zieht ihn weg von der Insel, Klang um Klang springt die geflochtene Schnur von der Rolle. Der Schwimmer tanzt weit draußen in den Wellentälern, verschwindet kurz, taucht wieder auf, immer weiter will er hinaus, dann geht er unter, aber nicht im Rhythmus der Wellen, sondern anders, heftiger, und der rote Kopf bleibt verschwunden, die Schnur springt schneller von der Rolle mit dem geöffneten Bügel. Biss! Ich schwinge meine Rute nach hinten, die mir lächerlich kurz vorkommt mit ihren dreieinhalb Metern, der Leuchtturm hat vierzig und ist auch noch zierlich, verglichen mit der Weite um uns herum. Mein Anschlag kommt nicht durch. Schnurbogen, Anfängerfehler. Die Strömung hat der Schnur einen zwanzig Meter dicken Bauch in die Leine gemacht, in dem mein Ruck verpufft. Ich kurble ein, um endlich wieder Kontakt zu meinem Haken zu bekommen. Natürlich, nichts hängt dran, der Haken blitzt blank in der Sonne.

So geht es ein paar Stunden, konzentriert lasse ich den Schwimmer treiben, weit draußen packt etwas den Köder, aber es bleibt nie hängen. Ich erschrecke, als die Sonne sich anschickt, den großen Zeh ins Wasser zu strecken, reiße wie zum ersten Mal seit langer Zeit die Augen auf. Vor lauter Beschäftigung mit meinem Schwimmer habe ich nicht bemerkt, wie der Schatten des Turms gewandert ist und das Leuchtfeuer automatisch gezündet hat. Ich fröstle und nehme das Alleinsein zum ersten Mal als etwas wahr, gegen das ich mich vielleicht wappnen muss, damit es mich nicht überwältigt.

Wie anders der Abend hier ist. Das Meer ist immer noch abendhell und weit, aber das alte Turmgemäuer in meinem Rücken liegt schon düster, und die freundlichen Kalksteinfelsen sind grau geworden, mit schroffen Kanten. Ich raffe mein Zeug zusammen, werfe das schwere Sturmflut-Tor hinter mir zu, mache Licht in der Küche, suche den weichen Pullover und die Taschenlampe – zwei Trostspender. Eine Tasse Reis und ein bisschen von dem Strandfenchel, der draußen zwischen den Steinen wächst, als einzige Vegetation der Insel, koche ich zusammen auf. Der Strandfenchel ist würzig und herb, wie etwas zwischen Anis und Lauchzwiebeln, und er würzt meinen Teller Reis recht ordentlich. Die Wärme des Topfes, das Licht in meiner Küche sind gut gegen die Dunkelheit, die draußen schnell alles übernommen hat. Ich gehe später noch mal zum Anleger, rechts stehen weit ein paar winzige Lichter an der Küste, hier und da blinken Positionsleuchten auf dem Wasser, der Rest ist große Universaldunkelheit, die an meinen Füßen ausbrandet. Im Schein der Taschenlampe im Wasser tummeln sich kleine Fische, da lebt alles weiter. Alle zehn Sekunden streichen die drei Leuchtarme meines Turmes über die Oberfläche, und ganz hinten am Horizont ist noch ein Hauch Licht übrig, ein letzter Abdruck des Tages. Die Sterne sind so nah und viele. Es gibt noch weitere Inseln als meine, denke ich.

Später sitze ich am Küchentisch und bastle an meinen Angeln herum, binde neue Vorfächer für morgen, überlege, wie ich nahe am Grund fischen kann, ohne zwischen den Felsspalten hängen zu bleiben, ziehe Stopper auf und prüfe die Schnur, ob sie an den Muschelkanten aufgescheuert wurde. Alles Handgriffe, die ich so gut kenne. Um mich herum meine offenen Kistchen und Taschen, der ganze Tisch liegt voll mit wunderlichen Zutaten, die ich in Ruhe sortiere und verbastle. Es ist eine schöne, ruhige Beschäftigung. Draußen rauscht das Meer gegen meine kleine Küche, und ich sitze da und überlege, wie ich es anstelle, morgen Fische zu fangen. Eine klare Gleichung, ich hier drinnen, sie da draußen, und es geht nur darum, dass ich den Trick finde. Heute habe ich sie mit Tintenfisch gefüttert, morgen ist es ein neues Spiel.

Ich mag in Reisereportagen diese Szenen, in denen alte Fischer ihre Netze flicken, ohne hinzusehen, stundenlang, weil es sein muss, weil ein Loch im Netz seit jeher bedeutet, dass die Fische gewinnen. Ich tue im Grunde das Gleiche, alle Angler tun es, immerzu: ihr Zeug flicken für den nächsten Morgen und dabei die Angelstelle vor Augen haben und über die Tiefe nachdenken. Meine kleine Kinderschere, die schon so lange in dieser Kiste mitreist, die immer gleichen Knoten, die meine Finger binden, ohne hinzusehen, der Schleifstein, mit dem ich die Haken schärfe. All diese Kleinigkeiten, über die ich auch nachdenke, während ich mit dem Rad in die Redaktion fahre, während im Kino der Vorspann läuft, der Aufzug nicht kommt. Es ist schon so: Während das Leben seine komischen Haken schlägt, sitzen die Angler da und flicken in Gedanken ihre Netze für das nächste Mal.

Ich gehe irgendwann schlafen, ich wache irgendwann auf. Das Meer war die ganze Zeit dabei. Die Sonne spitzt durch die Fensterläden, was für ein herrlicher Urlaub, denke ich und schaffe es nicht, noch ein wenig liegen zu bleiben, obwohl es doch keinerlei Verpflichtung gibt. Ich verzichte auf die Dusche und auch auf das Anziehen, man muss ja gar nichts hier, nur die nackten Füße auf dem Trampelweg zum Anleger spüren, die Morgensonne hat die Steine schon gewärmt, die Eidechsen sind da, und ein Rotkehlchen sieht zu, wie ich eintauche. Salz. Saphir. Strömung. Sie nimmt mich gleich mit, trägt mich ein paar Meter die Felsen entlang. Das Meer hat Kraft, das hier ist ja kein Strand, wo es langsam auslässt, das hier ist mittendrin. Ich halte mich an einem Felsen fest und schwimme zurück zum Anleger, es geht schon. Auf dem Stein sitzen und zusehen, wie die Sonne meine Fußabdrücke immer kleiner werden lässt, bis sie irgendwann verschwunden sind. Ich beobachte halb dösend ein paar dunkle Fische, die unten in den Felsen patrouillieren, vier oder fünf sind es und größer als die kleinen Lippfische, die an der Oberfläche spielen. Der Trupp taucht aus den Felsen – wie Halbstarke, die Ärger suchen, sehen sie aus, schwimmen ein paar Meter ins Tiefe und aus meinem Blick, aber nach einigen Minuten sind sie wieder da.

Ich hole meine Angel. Als Erstes versuche ich es mit einer Garnelen-Imitation, die ich mal in Dänemark gekauft habe, aber das ist der Bande ganz egal, sie schwimmen an dem Kunstkrebschen vorbei, und ihre Blicke sagen ganz deutlich: Was soll der Scheiß? Das Wasser ist so klar, ich sehe jede Bewegung, es ist wie Fischen in einem Aquarium. Als Nächstes knote ich einen kleinen Wobbler an, er ist eigentlich für Forellen am Bach gedacht, nicht für das weite Meer, aber ich fische ja vor meinen Füßen, und er scheint die richtige Größe für die Kerle zu haben. Ich werfe ihn ins Tiefblaue und ziehe ihn dann langsam über die Kante ins Flache, ah, da kommt er schon, sieht gut aus, wie er spielt, das muss doch … Tatsächlich, beim dritten Wurf hat der Wobbler zwei Begleiter aus dem Trupp, sie folgen jeder seiner aufreizenden Bewegungen, stupsen ihn mit der Nase an. (Haben Fische eine Nase? Natürlich!) Ich vergesse zu atmen und lasse den Wobbler reglos im Wasser verharren, seine Verfolger stehen unschlüssig vor dem schwebenden Kunstfisch, auf dessen Glanzfolie verführerisch die Sonne reflektiert. Das Zittern ihrer Flossensäume, die gespannte Bereitschaft, jederzeit zuzuschlagen oder abzudrehen. Ich zupfe aus dem Handgelenk zweimal mit der Rutenspitze, der kleine Wobbler schießt einen halben Meter nach links und rechts, aber die Spannung ist raus, die beiden Fische drehen lässig ab. Atmen.

Als ob sie den anderen davon erzählt hätten, folgt keiner mehr meinem Köder, egal wie verführerisch ich den Wobbler führe. Ich probiere alles durch, was meine Kiste hergibt, und das ist eine Menge. Die Sonne steht schon sehr hoch, ich habe noch nichts getrunken, nicht in den Spiegel geschaut und immer noch die Boxershorts an, in denen ich geschlafen habe. Die einsame Insel wirkt schnell. Ich gehe in die Küche, aber die Halbstarken lassen mir keine Ruhe, gleich stehe ich wieder am Steg, mit Hut und einer anderen Rute, länger und feiner. Ich erinnere mich, wie die Profis in den USA die Barsche fangen, es gibt da eine Methode namens

Dropshot. Eigentlich ganz simpel: ein Blei am Ende der Schnur und einen Meter drüber ein spezieller Haken in die Schnur geknotet, an dem ein Gummifischchen hängt. Das Blei zieht den Köder schnell zum Grund; wenn man die Schnur spannt, tanzt er einen Meter über dem Gewicht und ist so im bevorzugten Jagdrevier der Barsche. Ich habe noch nie von Dropshot im Meer gehört, aber die Burschen da unten benehmen sich genauso wie die amerikanischen Schwarzbarsche, also improvisiere ich ein Adria-Dropshot, nehme einen langschenkligen roten Haken und ein 80-Gramm-Blei, das meine feine Rute gehörig biegt, aber ich muss ja nicht weit werfen. An den Haken kommt ein Stück Tintenfisch. Das Ganze schlenze ich drei Meter vor mich und sehe, wie kurz darauf die Fetzen des Tintenfischstreifens verführerisch in der Strömung fächeln, knapp über den Felsen. Die kleinen Lippfische interessieren sich dafür, aber sie können nur hinstupsen. Das lockt die Großen an, immer dichter schieben sie sich am Haken vorbei, bis einer mit einem seitlichen Kopfnicken wie nebenbei den Tintenfisch einsaugt. Ich brauche ein paar Sekunden, bis ich das Gesehene in eine Bewegung umsetzen kann. Der Fisch kommt mir zuvor und biegt meine Rutenspitze bis an die Kante des Anlegers, die Bremse der Rolle macht ein widerwilliges Geräusch, ich bin verblüfft, was da gerade geschieht, so groß ist der Fisch nämlich nicht. Er wirft sich mit der Flanke in die Strömung und lässt sich abtreiben, genau wie ich einige Stunden vorher, seine Kollegen folgen ihm und machen jede Bewegung mit, ein Verhalten, das ich von den heimischen Barschen kenne. Das ist Futtergier, vielleicht fällt ja was für sie ab. Einige Minuten kann ich dem tobenden Fisch gar nichts entgegensetzen, dann kommt er näher, und schließlich hieve ich ihn mit einem Ruck aus dem Wasser. Er hat silbrige Schuppen und eine wirklich imposante Schwanzflosse, tief eingekerbt, kein Wunder, dass er damit viel Druck machen kann.

Ausgenommen lasse ich ihn eine halbe Stunde in der Sonne trocknen, wie mir das mal ein Fischer auf der anderen Seite des Mittelmeers erklärt hat. Inzwischen habe ich ihn auch im Bestimmungsbuch gefunden, Gabelmakrele oder Palometa heißt er. Wo der Ebro ins Meer mündet, wird dieser Fische einen halben Meter lang, steht da, und dass es ein guter Speisefisch ist. Nun, da kann ich ohnehin nicht wählerisch sein, es hat schließlich fast zwei Tage gedauert, bis ich meinen ersten Fisch für die Pfanne hatte. Ich merke den Hunger und wie meine Haut von der Sonne an den Schultern spannt. Der Fisch brät im kroatischen Olivenöl, gewürzt mit ein paar Zweigen Strandfenchel. Regionaler kann man nicht essen, es sei denn, man lässt beim Tauchen den Mund offen stehen. Ich sitze im Schatten des Leuchtturms und esse mit den Fingern direkt aus der Pfanne, das Fleisch ist fest und weiß, das Glück ist groß und selten. Wann im Leben kommt es schon vor, dass die Dinge so einfach sind. Eine Insel, der Hunger, ein Fisch. Zehn Minuten später stehe ich schon wieder am Anleger.

Die Tage auf der Insel vergehen schnell, ohne dass

ich genau sagen könnte, wie sie vergehen. Manchmal fühlt es sich an, als wäre ich auf einem Segelboot unterwegs über einen großen Ozean. Tags ist alles Luft und Licht, nachts drückt die Dunkelheit mich fast bis auf den Grund. Ich angle, bis mir die Fingerkuppen vom Werfen mit der geflochtenen Schnur wehtun, bis meine Tintenfischköder ausgegangen sind und ich die Napfmuscheln von den Felsen kratzen muss, ich verliere meine Wobbler an den tückischen Felsen, und wenn ich nicht das Gabelmakrelen-Dropshot erfunden hätte, würde auf meinem Speisezettel nur Strandfenchel stehen, denn das, was weit draußen so stürmisch meinen Köder packt, kriege ich nicht zu fassen. Eines Abends kommt ein Rudel Delphine zu Besuch, weit draußen springen sie sich überschlagend im Sonnenuntergang, immer wieder ziehen sie vorbei, und ich bin zum ersten Mal sehr traurig, dass ich hier niemanden habe, dem ich es zeigen kann. Alle Momente hier habe ich nur alleine.

In der Nacht vor meiner Abreise wache ich von einem neuen Geräusch auf. Die Ruten sind schon verstaut bis auf eine, mit der ich morgen noch ein paar Würfe machen könnte, bis der Fischer kommt. Das neue Geräusch ist das Meer, in einer anderen Tonlage, aus einer anderen Richtung als sonst. Ich spähe hinaus, und in den Leuchtarmen sehe ich weiße Gischt, wo ich gestern noch in der Sonne saß, und Schaumkronen, wo ich sie nie gesucht hätte. Im Hafen hatten ein paar Segler von den ersten Herbststürmen erzählt, aber das habe ich nur für weit draußen gelten lassen, nicht für hier, wo die Segelanfänger so friedlich kreuzten. Im Morgenlicht sehe ich giftiges hellgrünes Wasser, das mir zwei Meter näher gekommen ist und den Anleger hoch überspült. Die Wolken hängen niedrig an der Turmspitze, kein Schiff ist zu sehen, nicht mal bis zur Leuchtboje aus der Nachbarschaft reicht die Sicht. Das Handy klingelt, der Fischer sagt, er könne nicht kommen heute, die Wellen, die Strömung. Morgen vielleicht. Der Wind ächzt durch die Fenster, das Salzwasser hat die Rahmen schon korrodieren lassen. Da sitze ich, mehr Robinson als geplant. Das Appartement ist enger als je zuvor, ich mache ein paar Schritte vor die Tür und bin klatschnass. An Angeln ist nicht zu denken, geradezu absurd die Vorstellung, dass gestern noch ein Aquarium war, wo sich heute Wellen prügeln. Ich verkrieche mich ins Bett. Das Heulen hält einen ganzen Tag an, ich merke gar nicht, dass es schon wieder dunkel wird. Ich telefoniere, bis die Verbindung abbricht, ich will gerettet werden. Einen Müsliriegel in drei Teile schneiden, da muss ich lachen, so dramatisch ist das. Bis spätnachts lese ich von den Schiffen, die hier gekentert sind, ganz nah bei Porer ist ein Frachter auf eine vergessene Mine gelaufen und mit der ganzen Besatzung untergegangen. Die Leuchtarme ziehen über die wütende Adria, unentwegt Sturm, unentwegt Nacht.

Am nächsten Morgen rufe ich den Fischer an, er hat gerade den Wetterbericht im Fernsehen gesehen. »Morgen vielleicht«, sagt er. Ich sage Termine ab, und die Ausrede klingt schön: Ich sitze auf einer Insel fest.

Die Menschen in München und Hamburg hören es an ihren Schreibtischen, sie fragen zweimal nach und seufzen dann andächtig, dabei beneide ich sie jetzt ein bisschen um ihre trockenen Arbeitsplätze. Ich binde Knoten, schreibe Urlaubstagebuch, putze das Appartement noch mal. Die Zeit vergeht nicht. Was für eine Idee, allein auf einer Insel zu sitzen und das Urlaub zu nennen. Ich schlafe und träume von Wetterberichten. Am nächsten Morgen bin ich schon um halb sieben am Fenster. Es regnet immer noch dicht, aber irgendwie ist die Gesamtaussicht etwas heiterer, ich sehe auch die Leuchtboje wieder. Das Telefon klingelt, der Fischer sagt, er würde es versuchen, aber ohne Garantie, und dass ich gut springen müsste, vielleicht gäbe es nur einen Versuch. Er spricht kaum verständliches Deutsch, deswegen habe ich ihn nicht richtig verstanden, hoffe ich, was die Sache mit dem Aufspringen betrifft.

Auf ein Schiff warten, das einen abholt und zurück ins Leben bringt, das fühlt sich auch irgendwie uralt an. Und kitschig. Die Wellen sind immer noch hoch, der Regen kommt immer noch von vorne, nicht von oben. Und irgendwann ist da, wo in der Ferne Regen, Sturm und Wellen zusammenkleben, ein kleiner weißer Fleck, der schaukelnd größer wird. Mein Boot! Es dauert lange, bis es da ist, bis ich den Fischer winken sehe. Meine Angeltasche und den Rucksack trage ich zum Anleger, dann schnell die Tür des Leuchtturms gut verschließen. Adieu, hohes Haus. Die ersten zwei Versuche schlagen fehl, das kleine Fischerboot kommt nicht mal ansatzweise in Sprungweite am Anleger vorbeigetrieben und muss dann in großer Schleife wieder neu anfahren. Beim dritten Mal werfe ich immerhin Rucksack und Angeltasche über die Reling. Salz in den Augen, Wasser in den Schuhen. Ein großer Brecher fegt mich fast von dem glitschigen Steg, der Fischer ruft etwas, aber ich höre nichts, über mir lässt sich eine Möwe teilnahmslos von den Winden auf und nieder treiben. Er soll nur bitte nicht wieder abdrehen! Das Boot kommt, in einem Moment packe ich die Reling, springe im nächsten und mache einen maritimen Felgaufschwung, glitsche schließlich über Deck und bin: nicht mehr auf meiner Insel, nicht mehr Robinson.

Der Eimer

Auch wenn es wie eine Karikatur wirkt: Ein Angler braucht einen Eimer. Im Alltag hat man ja vergessen, was für ein perfektes Design ein Eimer hat, aber jeder tüchtige Allroundangler liebt seinen Eimer. Im Boot kann man alles, was nicht rumfliegen soll, schnell in den Eimer werfen, man kann damit Wasser schöpfen, Futter darin anmischen, den Fang heimschleppen oder darauf sitzen, kleinere Lebendtransporte bewerkstelligen und zur Not hineinpinkeln, wenn der Wellengang kein Bootsrandpinkeln zulässt. Einen Eimer! Wenn Sie noch keinen haben, sollten sie über diese Anschaffung nachdenken.

Das Outing

In der Stadt und im sogenannten Alltag bewege ich mich als Angler inkognito. Die Erfahrung lehrt, dass man die Passion lieber nicht offen vor sich herträgt, also keinen Fischanstecker an den Hut, am besten eh keinen Hut. Falls das Gespräch darauf kommt und ich mich irgendwann in geselliger Runde offenbaren muss, wird es anstrengend genug. Es ist, als hätte man einen etwas abseitigen Fetisch gebeichtet, ich kann in den Gesichtern ablesen, dass alle anderen sich gerade vorstellen, wie das wohl aussieht, wenn ich angeln gehe.

Die Reaktionen sind je nach Vorstellungskraft unterschiedlich. Bei den Männern kommt es auf die Vorgeschichte an, jeder zweite hat da irgendeine Kindheitserinnerung, wahlweise Urlaubsangeln im kroatischen Hafen oder Schwarzangeln hinterm heimischen Bauernhof. Da leuchten dann die Augen, und ich gelte so ein bisschen als der Typ, der die Sache radikal durchgezogen hat, während sie leider urbanisiert wurden.

Dann gibt es aber natürlich auch die Vollzeit-Stadtgewächse, für die schon der Gang zur Fischtheke im Kaufhof eine spannende Exkursion ist. Der Gedanke, mit einem Boot und Spezialgerät auf dem See rumzutreiben, um einen Fisch zu fangen, hat für sie etwas stark Dadaistisches. Sie bemühen sich redlich, irgendeine Nachfrage zu meinem Outing zu stellen, aber es endet meistens in einem laschen »Also, die Geduld hätt' ich nicht«. Diese Plattitüde wird übrigens im gleichen Tonfall vorgetragen wie das ähnlich gelagerte »Hab leider keinen grünen Daumen«, sobald man mal von Tomaten auf dem Balkon spricht. Für diese Menschen ist Natur so eine Art Ausnahmezustand, in den man sich nur mit Plan und Schutzkleidung begibt.

Dann gibt es noch ein paar Pikierte, die mit einem »Die armen Fische, tun dir die nicht leid?« an das Gute im Menschen appellieren. Denen sage ich dann, dass mir die Fische sehr wohl leidtun und es mir mit jedem Lebensjahr schwerer fällt, einen mitzunehmen. Aber dass dieser Vorgang ohnehin nur einen ganz kleinen Teil der Angelwelt ausmacht. Das verstehen sie dann meistens nicht, und ich verspüre nur selten die Lust, die ganz große Metaebene auszubreiten.

Die Mehrheit graust sich sowieso einfach nur vor dem Gedanken, einen Fisch ausnehmen zu müssen. Bei denen bin ich auch gerne mal bereit, den moralischen Zeigefinger zu heben, an dem eine kleine Standpauke hängt, die in aller Kürze so umschrieben ist: Wer Tiere isst, sollte zumindest auch zuschauen können, wie sie küchenfertig gemacht werden.

Am besten ist, wenn auf das Outing unerwartet ein Gegen-Outing trifft. Gar nicht so selten ist nämlich ein anderer unter den Gästen auch Angler und hat diesen Umstand bisher ähnlich diskret behandelt wie man selbst. Dann hat man einen Gesprächspartner gefunden. Oder einen neuen Angelfreund.

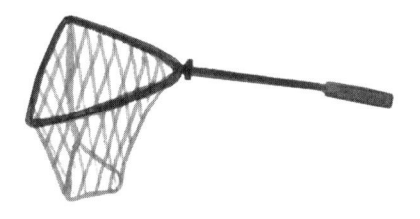

Anglertypen

Der Spinnfischer

Gehört vielerorts schon zur stärksten Fraktion der Angler und hat gerade in den letzten zehn Jahren unheimlich viel dazulernen müssen, denn seine Methode ist von Grund auf reformiert worden.

Er betreibt die aggressivste Form der Fischerei, schließlich hat er es nur auf knallharte Raubfische abgesehen, die er zum Jagen bringen will. Weil die Kunstköder dafür in Bewegung sein müssen, ist der Spinnfischer es auch. Wann immer Sie einen rastlos wirkenden Angler sehen, der nach zwei Würfen an die nächste Stelle wandert, ist es ein Spinnfischer. Der schlimmste Moment seines Angeltags ist der, wenn er bei seiner Wanderung rund um den See wieder am Ausgangsort anlangt und immer noch keinen Fischkontakt hatte.

Der Spinnfischer ist meistens recht jung und sieht, wenn er es ernst meint, nicht aus wie ein Angler, sondern eher wie jemand der eine Action-Sportart ausübt: Er hat eine Truckerkappe aus Japan, dazu eine moderne Polarisationsbrille, die die Spiegelung vom Wasser nimmt, einen Rucksack und einen raffinierten Lip-Grip, mit dem die Amerikaner die Schwarzbarsche aus dem Wasser zwirbeln, die es bei uns gar nicht gibt. In seiner Tasche finden sich die buntesten und kreativsten Erzeugnisse der Angelindustrie: Wobbler, Gummifische, Gummikäfer, Gummiwürmer, die allesamt die seltsamsten Namen tragen. Der Spinnfischer kennt jeden einzelnen seiner kleinen Helfer genau, weiß, in welcher Tiefe er wann einzusetzen ist und wie man den Köder richtig führt. Oder er tut zumindest so. Er tritt auch im urbanen Umfeld auf, fischt in Berlins Kanälen und in Hamburgs Alsterarmen, wirft von der Brücke aus und unter die Schiffsanleger, ja, der Spinnangler ist so eigentlich der Hansdampf unter den Anglern, überall muss er mal schnell einen Gummiwurm durchziehen.

Angstmomente durchleidet er, wenn sich sein Wobbler, der teuer erkaufte und sorgfältig sortierte, unter Wasser festgesetzt hat. Hänger! Je nach Gewässer passiert das ziemlich häufig. Dann beginnt ein unglücklicher Tanz, bei dem er ruckend, federnd, zerrend und mit Stoßgebeten für die Freiheit seines Kunsttieres kämpft. Das ist gar nicht so ungefährlich, es kann bei dieser Fuchtelei auch noch mehr kaputt gehen, die Rutenspitze etwa, oder er schneidet sich mit der gespannten geflochtenen Schnur in die Hand. Lässt Petrus den Wobbler noch mal los, ist die Freude groß. Der Spinnfischer feiert mehrmals im Jahr Geburtstag, im Gedenken an die Rettungstage besonders teurer Wobbler. Bleibt das Hindernis ungelöst, gibt es irgendwann den gefürchteten Schlag in der Schnur, pling! Der Wobbler kehrt nie wieder zurück in die Box, und der Spinnfischer hat ein Motivationsloch, gegen das er sofort mit einem neuen Köder ankämpfen muss. In stark befischten Gewässern dürfte mittlerweile eine Armada von Kunstködern verteilt sein – gelegentlich gibt ein Rekordniedrigwasser versunkene Bäume frei, die aussehen wie geschmückte Christbäume.

Weil er ambulant veranlagt ist, belastet sich der moderne Spinnfischer zunehmend weniger mit entnommenen Fischen, sondern praktiziert, wo es erlaubt ist, Catch & Release, wie seine Vorbilder in den USA und Japan. Bedeutet: Er hebt die Fische nur für ein Facebook-Foto aus dem Wasser. Für Angler, die mit Stuhl und Schirm anrücken, hat er nur ein Naserümpfen übrig. Das größte Glück des Spinnfischers ist sein eigenes Spinnfischerboot. Es muss vor allem einen unmäßig großen Außenborder haben und eine mit wasserfestem Teppich ausgelegte Stehfläche – das ist seine Bühne. Viele Nachwuchsangler beginnen heute gleich mit dem Spinnfischen und bleiben dabei. Diese Mode verdrängt vermutlich nach und nach das Allroundangeln.

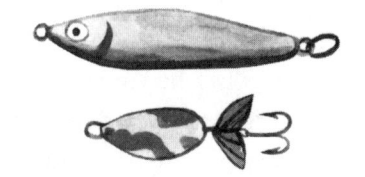

Kutterangeln

Ich fahre an die Nordsee. Es ist eigentlich kein Angelurlaub, aber natürlich mietet man kein Haus, das hundert Meter von der dänischen Nordsee entfernt steht, ohne mal zu angeln. Die erste Woche hat Julia mich vom Wohnzimmer-Panoramafenster dabei beobachtet, wie ich versuche, mein 140-Gramm-Blei über die Brandungswellen zu werfen, damit sie es mir nicht nach ein paar Minuten wieder vor die Füße legen wie ein Hund das Stöckchen. Es soll doch draußen liegen bleiben. Aber Brandungsangeln ist kein Plötzenstippen und für einen meerfernen Schönangler wie mich eine ziemlich rabiate Angelegenheit. Man hat sehr lange, schwere Ruten und Rollen, die man mit einem Schwung auswirft, über den sich jeder Holzhacker freuen würde. Echte Brandungsangler schaffen dabei locker hundert Meter. Mein Problem, abgesehen davon, dass ich kein Brandungsangler bin, ist, dass die Wellen sich an dieser Stelle schon zweihundert Meter vor dem Strand brechen. Weil ich aber die klügste Frau der Welt habe, findet sie heraus, dass zwei Hafenorte weiter ein Angelkutter ausläuft, und steckt mir in einem romantischen Moment die Nummer zu. Solche Angelkutter haben gerne mal einen schlechten Ruf. In den neunziger Jahren ähnelten diese Ausfahrten, vor allem an der Ostsee, eher Ballermann-Trips, bei denen die Dorsche auf Deck gemeinsam mit den betrunkenen Anglern durch die Gegend rutschten. Aber auf der rauen Nordsee und im sauberen Dänemark ist so was sicher nicht zu befürchten.

Die Ausfahrt wird wegen eines Sturms zweimal verschoben, am dritten Tag gibt der Käpt'n telefonisch sein Okay, und ich rase um vier Uhr morgens durch Jütland. Gleichzeitig mit mir kommt ein Kleinbus mit deutschen Anglern an. Ich sehe schon an ihren Gerätschaften, dass sie nicht zum ersten Mal dabei sind. Seinen Platz an der Reling reserviert man sich, indem man seine Angelrute dort anbindet. Die Stimmung ist gut, der Kapitän hupt beim Auslaufen, und die Nordsee, nun ja, die Nordsee hat irgendwie gar nicht mitbekommen, dass der Sturm zu Ende ist. Jedenfalls bewegt sich das Schiff schon kurz nach Verlassen des Hafens sehr auffällig, und man merkt schnell, wer seine Angelkisten so verstaut hat, wie es sich bei strammem Seegang gehört. Ich nicht. Ich habe damit gerechnet, dass wir eine halbe Stunde die Küste entlangdampfen würden und dann angeln könnten.

Nach anderthalb Stunden Klammern an die Reling muss ich allerdings feststellen, dass das Festland verschwunden ist und damit auch meine Taktik nicht mehr greift, mit der ich das Schwanken ausgleichen wollte.

»Immer auf einen Fixpunkt starren!«, hatte mir mal ein alter Angler gesagt, und das erschien mir logisch. Ich habe also die ganze Zeit wie hypnotisiert auf einen der hässlichen Weltkriegsbunker gestarrt, wie sie an diesem Küstenabschnitt recht häufig vorkommen – dunkle Betonklöpse, die aus dem schönen hellen Strand ragen. Dieses Verhalten war in der Gruppenbildungsphase auf dem Schiff etwas hinderlich gewesen. Ich starrte auf den Bunker, während ringsherum Tee mit Rum die Runde machte und weitgereiste Mettbrötchen zum Einsatz kamen. Ohne den Kopf zu drehen, konnte ich sie nur mit einer Hand abwehren. Jetzt ist mein Bunker verschwunden, und wir laufen immer noch mit voller Kraft durch ein Meer, das eindeutig in Partylaune ist.

Nach einer weiteren Stunde weiß ich, dass ich nicht das bin, was man gemeinhin seefest nennt. Eine Enttäuschung, auf den Binnenseen hielt ich mich bis dato immer für ziemlich matrosig. Aber diese Nordsee nervt mittlerweile gewaltig. Und wo will der Käpt'n eigentlich hin, nach Southampton?

Weitere zehn Minuten später halte ich mich mit beiden Händen an der Reling fest und versuche, so zu tun, als würde ich etwas Interessantes im Wasser beobachten. In Wirklichkeit übergebe ich mich dezent. Müssen die Seebären, die inzwischen auch schon Bier trinken, ja nicht mitkriegen. Ans Angeln denke ich nicht mehr, allein die Vorstellung, die zehn Meter hinüber zu meiner Rute zu wanken, allein der Gedanke an den Geruch von Fisch … bah! Irgendwann, viel später und ohne ersichtlichen Grund, wir sind schließlich weder an der Oper von Sydney vorbei noch auf einen Eisberg gefahren, lässt der Kapitän die Sirene dröhnen, und alle stürmen an ihr Angelgeschirr. Alle außer mir. Ich tue weiterhin so, als wäre das Kielwasser unheimlich faszinierend.

Das Schiff schaukelt immer noch gut, als die ersten Dorsche an Deck klatschen. So ein Kutterangeln ist ja meistens keine große Herausforderung, der Kapitän hat auf dem Echolot die Fische gesehen, und Dorsche sind nicht gerade die cleversten Geschöpfe, sie beißen ungelogen auch auf einen Schraubschlüssel. Die Stimmung ist also prächtig, mit einer Ausnahme. Immerhin habe ich es geschafft, meine Angelrute zu nehmen und den Pilker ins Wasser zu lassen. Pilker sind schwere Keile aus Blei, die nur notdürftig mit ein bisschen Lack und Glitzeraufklebern verziert werden und am Ende einen großen Haken haben. Ich atme tief durch, kotze noch ein bisschen nonchalant und bin froh, dass es niemand bemerkt. Dann hängt jemand vierzig Meter tiefer einen Kartoffelsack an meine Angel, fühlt sich jedenfalls so an. Dorsch! Bei gutem Wellengang einen Kartoffelsack aus vierzig Metern nach oben zu kurbeln ist eine athletische Übung, so anstrengend, dass ich ganz vergesse, seekrank zu sein. Vier Dorsche fange ich auf diese Weise, dann ist der Spuk vorbei, der Schwarm weitergezogen.

Auf dem Schiff beginnt ein veritables Schlachtfest, die Anglergruppe stürzt sich in einen Filetierwettkampf. Man ist allgemein zufrieden mit der Beute. »Klar«, sagt einer, hebt die Stimme und zeigt auf mich. »Wurde ja auch mächtig angefüttert.« Sogar der Käpt'n lacht.

Glöckchen

Vieles von dem, was der Angler in seinen Taschen herumträgt, ist eigentlich wie Spielzeug. Vielleicht ist das auch ein Grund. Diese ganzen kleinen Geräte und Werkzeuge, die Hunderte Hilfsmittel, die bunten Kunstköder, die man immer wieder neu sortieren kann, das hat was vom Urreiz des Spielens, von Kaufmannsladen oder Kinderpost. Ganz viel Dingelchen eben. Und die Dinge machen manchmal auch Geräusche, elektronische Bissanzeiger zum Beispiel, für die man gut ein paar hundert Euro anlegen kann. Sie überwachen jede Bewegung der Schnur, und wenn die dann ein bisschen Richtung Wasser ruckt, geben sie infernalisch Alarm, falls erwünscht auch über Funk ins Zelt des schlafenden Karpfenanglers.

Mir ist das Glöckchen lieber. Julia findet, das Glöckchen sei die mit Abstand netteste und albernste Kleinigkeit beim Angeln. Das hängt vielleicht damit zusammen, dass ich über die Jahre eine Handvoll Glöckchen in meinen Angeljacken und -hosen verteilt habe, sodass ich bisweilen unterwegs ein zartes Klingeln von mir gebe, aber nicht wie das Christkind, eher so Richtung Hofnarr.

Die Glöckchen, im fischereilichen Volksmund korrekterweise Aalglöckchen genannt, sind eigentlich eine etwas altmodische Art der Bissanzeige. Man klemmt sie an die Rutenspitze und stellt die Rute steil am Ufer auf. Wenn ein Fisch beißt, wippt die Rutenspitze und bewegt das Glöckchen – der Fisch klingelt und möchte an Land gezogen werden.

Viel zu ungenau, finden die Profis von heute, und man kann sich eigentlich längst nicht mehr mit einem Glöckchen an der Rute blicken lassen, das machen nur noch die Alten, die auch noch mit Ruten fischen, deren Ringe aussehen wie aus Drahtkleiderbügeln zurechtgebogen. An den großen Flüssen sieht man es noch manchmal im Gebrauch, das Glöckchen, und ich muss dann immer eine Weile stehen bleiben, zusehen oder, genauer gesagt, zuhören. Denn das Glöckchen ist am spannendsten, wenn man es nicht sieht, nur hört, deswegen auch Aalglöckchen. Aale fängt man in der Nacht. Die Schnüre gehen hinaus in die Dunkelheit, man sitzt daneben und sieht nichts, aber irgendwann glaubt man ein zartes Schellen gehört zu haben, dann deutlicher, ein richtiges, rupfendes Klingeln. Aufspringen und den Aal fangen!

Mein Vater und ich haben das früher ein paarmal gemacht, solche Aalnächte. Manchmal streiften die Fledermäuse die steil gespannten Schnüre, und das war dann ein Fehlalarm, aber immer genauso spannend.

Obwohl es fast nicht sein kann, weil seitdem zwanzig Jahre vergangen sind, habe ich einige Glöckchen von damals immer noch in meinen Taschen. Ich benutze sie heute fast gar nicht mehr, ich mag eigentlich keine Aale und fische nie in der Nacht. Aber das mit den Glöckchen werde ich trotzdem bald mal wieder machen. Augen zu und warten, bis der Fisch klingelt.

Ewige Passantenfragen

»Beißt was?«

Das Problem:
In den allermeisten Fällen beißt nix, oder es beißt ein bisschen, aber das zu erklären wäre viel zu kompliziert.

Was erwartet der Passant?
»Ja, guter Mann, die Forellen beißen heute wie verrückt. Warten Sie nur, es wird ein herrliches Spektakel. Feuerwerk nix dagegen.«

Was entspricht der Wahrheit?
»Ich hatte wirklich gerade einen Biss und überlege, während wir hier quatschen, ob ich nicht dringend mal die linke Rute kontrollieren sollte.«

Was sagt der Angler?
»Nix.«

»Kann man die Fische hier überhaupt essen?«

Das Problem:
Eigentlich eine Unverschämtheit, diese Frage. Erstens degradiert sie den Angler zum hungrigen Selbstversorger, der von einem gefangenen Fisch sofort ein Stück abbeißt. Zweitens sagt sie sehr deutlich, dass es sich beim beangelten Pfützchen ja wohl um ein mieses Drecksbrühe handelt.

Was erwartet der Passant?
»Im Vertrauen, ich habe hier schon Fische mit zwei Köpfen gesehen. Ich angle eigentlich auch gar nicht, sondern betreibe Strahlenforschung.«

Was entspricht der Wahrheit?
»Klar kann man die Fische hier essen. Man isst ja auch Schweine, die ihr ganzes Leben lang Küchenabfälle bekommen haben. Und die Zeiten, in denen der Rhein und die Elbe so voll mit Schwermetallen waren, dass die Fische das Doppelte wogen, sind vorbei. Es wurden sogar wieder erste Lachse im Rhein gesichtet. Oder meinen Sie, ob es hier essbare Fische gibt? Nun, eigentlich gibt es nur sehr wenige giftige Fische im Süßwasser …«

Was sagt der Angler?
»Ja. Aber dazu muss man sie erst mal fangen.«

»Darf man hier überhaupt angeln?«

Das Problem:
Hatte man zuletzt in der Schule. Genau wie damals scheint sich jeder zum Kontrolleur berufen zu fühlen, sobald man mit einer Angelrute am Wasser steht. Werden Hundehalter von Mitmenschen gefragt, ob sie ihre Steuer entrichten, oder Autofahrer, ob sie einen Führerschein haben? Nein, nur Angler sind grundverdächtig bei der Ausübung ihrer Passion.

Was erwartet der Passant?
Dass man erstaunt die Augen aufreißt und sagt: »Ach, Angeln ist gar nicht Grundrecht?«, oder eben gleich Reißaus nimmt.

Was entspricht der Wahrheit?
»Der Schwarzfischer ist zwar ein beliebtes Sujet in Kinderwitzen und Stammtischanekdoten, so ähnlich wie der blinde Passagier auf Dampfschiffen, aber wenn er wirklich seinem üblen Treiben nachgehen würde, dann doch wohl nicht am hellen Tag hier an der Promenade.«

Was sagt der Angler?
»Du, schleich dich, du Amateur-Aufpasser!«

Der Angelfreund

Den Angel-Moritz lerne ich am Hintersee kennen. Da sind wir, weil das kleine Angelforum, in dem wir uns ab und zu Informationen über die aktuellen Standorte der Renken in den Seen oder den neuesten Stand Schweizer Saiblingstechnologie holen, einen gemeinsamen Ausflug macht. Ich kannte den See nicht und hatte Lust, also bin ich mit, auch wenn so ein Gruppenangeln immer ein wenig seltsam ist.

Der Hintersee ist ein wirklicher Postkartensee in den Bergen hinter Berchtesgaden. Das Wasser ist hellblau und durchsichtig, und er ist gerade so groß, dass man sich nicht in die Quere kommt, aber trotzdem innerhalb von zehn Minuten an irgendeinem Ufer ist. Die Berchtesgadener Fischer sind sehr stolz auf dieses Kleinod und besetzen ihn gut, die Tageskarte kostet dann auch über 20 Euro.

Am Anfang werden die Boote eingeteilt, zwei Mann teilen sich eines. Es ist wie immer bei solchen Gruppensachen, irgendwie kennen sich alle, nur ich kenne keinen. Deswegen werde ich kurzerhand mit dem einzigen anderen eingeteilt, den auch keiner kennt, und das ist der Moritz. Wir geben uns die Hand, und in der nächsten Sekunde fragt er mich, ob ich Nymphen mit Glitterfäden haben wolle, er habe solche gebunden und könne noch welche abgeben, die seien hier ein Geheimtipp. So ist er, der Moritz: fischtechnisch ganz vorne dabei und doch Mensch geblieben.

Unser Tag auf dem Hintersee wird deswegen ein legendärer Fischzug. Ich habe bis dahin noch niemanden getroffen, der ununterbrochen über Fische reden kann, der sich im Gegenzug aber auch jeden noch so kleinen Fang vom anderen beschreiben lässt, der lässig mit der Rute hantiert und dabei mit dem Fernglas die kreisenden Bussarde nach ihrem Gewicht schätzt und das Geschlecht bestimmt. Der Moritz ist ein Vollblutjägersammler, gegen den ich mir immer wie ein Stadtmensch in Stöckelschuhen vorkomme. Vor allem deshalb, weil ich nicht so ein schönes, holzgeschnitztes Oberbairisch spreche, das jeder seiner Geschichten etwas Würdiges verleiht. Er verachtet die hochgerüsteten »Gscheidhaferl« und schaut sich nur von den ganz Alten noch was ab. Er trägt stets einen Angelmantel aus grünem Gummi, der ihm drei Nummern zu groß ist, in seinen Taschen aber alles beinhaltet, was der Moritz so braucht. Das ist nicht viel, aber immer das Richtige. Wir fangen Saiblinge, Moritz sogar einen richtig großen. »Da schau her!«, sagt er ganz ruhig, als der Fisch aus dem dunkelgrünen Wasser ans Boot kommt und mir vor Schreck fast der Kescher aus der Hand fällt.

Abends, als alle mit Begeisterung das angehen, was sie gemütliches Beisammensein nennen, legt sich der Moritz mit seinem Schlafsack einfach in eine Ecke. Gemütliches Beisammensein braucht er nicht, aber Schlaf, denn am nächsten Morgen steht er um vier auf und rüttelt an mir herum. »Max, auf geht's!«, sagt er, als wären wir schon längst eine eingeschworene Seilschaft am Berg. Nun, mittlerweile sind wir das.

Es ist eine Freundschaft, die nur einen einzigen Grund und Zweck hat. Immer wenn wir uns treffen, ist Wasser in der Nähe. Der Moritz muss angeln, er muss im Boot sitzen mit seinem Mantel, reglos, stundenlang.

Angeln ist kein Mannschaftssport, nein, es ist schon eine Passion für Einzelgänger und Gerneschweiger, aber seit dem Tag am Hintersee weiß ich, dass zwei Angler mehr fangen als einer. Und dass Nichtsfangen mehr Spaß macht, wenn einem der Moritz erklären kann, warum.

Wenn ich ein Saibling wär

»Wenn jetza i a Saibling war.«

»Ja?«

Moritz liegt im Bug, er hat sich eingerollt in meinem kleinen Ruderboot wie ein Hund, der es sich behaglich macht. Ich sitze auf der Heckbank. Wir driften sehr langsam über die Unterwasserberge rund um die Roseninsel, jeder eine Rute in der Hand, an der sich seit Stunden nichts getan hat. Flaute.

Moritz setzt noch mal an, er spricht manchmal stundenlang nicht, und wenn, dann kommen die Worte in seinem schönen Dialekt, langsam und handgedrechselt.

»Wenn jetza i a Saibling war, i würd das Schwarmverhalten früh bleibn lassn.«

»Wie, früh?«

»Na, glei, mit zwoa Sommern, oda so. Woaßt eh, alloa am Grund stehn.«

»Warum?«

»Is do gscheider. Weg von d' Netze, irgendwo weit draußn, wo koana fischt.«

»Klingt einsam, außerdem ist der Instinkt doch so, dass du mit den anderen Fischen unterwegs sein möchtest.«

»Freili, aber da Fischer hat hoit manchmal so an Lackl im Netz, der is dreimal so groß wia die anda. Des is dann oaner von de Wuidfängern.«

Moritz setzt sich auf, ich kenne das schon, der sagenhafte Wildfang-Saibling gehört zu seinen Lieblingsmythen.

»So einer wirst dann. Einsam, aber fett«, sagt er mit Nachdruck und auf Hochdeutsch.

»Wann?«

»Wannst fruah gnuag wegkimmst vom Schwarm.«

Er hört seinen Worten nach, wie sie in die Seeflaute hinausklingen. Das Wasser gluckst müde an unseren Bug. Er legt sich wieder hin.

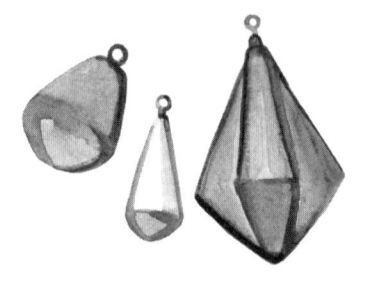

Der Angelfilm

Was einem keiner glaubt: Es gibt Tausende von Angelfilmen. Klar, wenn die Mehrheit der Muggels schon im aktiven Angeln keinen großen Unterhaltungswert sieht, muss ihnen die Existenz von Angelfilmen besonders befremdlich vorkommen. Aber wie so oft in diesen Ausführungen kann ich nur sagen: Glauben Sie mir, liebe Leser, diese Filmchen können ein sehr guter Ersatz für das eigene Angeln sein, das oft nicht stattfinden kann.

Mit den neuen Medien und den kleinen Kameras, die jeder mit sich herumträgt, expandierte eben auch das junge Genre des Angelfilms. Alle großen deutschen Angelmagazine legen heute kostenlose DVDs bei, deren Inhaltsverzeichnis ich Julia gerne mit meiner RTL-Nachrichtensprecherstimme vorlese.

Bitte stellen Sie sich jetzt also meine RTL-Stimme vor, die liest:

Auf Großzander im Elbhafen

Unterwegs mit Kalle Kowitz

Die irre Plattfischjagd auf Sicht

Ebro: Wallermonster vor der Kamera

Gewässerporträt: Die Stachelritter vom Schluchsee

Köderwahnsinn: Der Flying Trick Shad von Yakazuma

Forellentrickkiste: Wie immer noch was geht

Hinter diesen aufpeitschenden Titeln stecken meistens etwa zehn Minuten lange Clips, in denen Menschen sich mit vollem Ernst den angekündigten Themen widmen. Fast immer begleitet die Kamera dabei einen »Profi«. Diese Angelprofis sind auch erst in den letzten zehn Jahren so richtig ins Licht getreten. Wenn es nicht gerade die Redakteure der Angelzeitschrift selbst sind, handelt sich bei den Profis um Menschen, die als Aushängeschilder für einen Angelgerätehersteller arbeiten und dabei zwar nicht reich werden, aber eben doch ihr Hobby in die Nähe eines Berufes gebracht haben – und schon sehr viele Tage ihres Lebens verangelt haben, meistens auf eine oder zwei bestimmte Fischarten. Sie tragen Kappen und Shirts, auf denen ihre Markennamen stehen. So nah an der Sportschau wie in diesen Szenen ist Angeln selten.

Dann wird mit der Kamera im Rücken geangelt, und ja, es ist spannend. Schließlich kann man sich als angelbegeisterter Zuschauer ganz gut in diese Situation hineinversetzen, die Kamera schwenkt über die Wasserfläche und die abgestellten Ruten, und es ist nicht schwer, sich vorzustellen, man wäre da jetzt dabei. Zumal die Profis eben Profis sind und wirklich meistens die angekündigten Fische fangen. Es tut sich also was, der ganze Angeltag wird schön straff auf zehn Minuten zusammengeschnitten. Das sind bisweilen sehr groteske Kammerspiele, die die Madame neben mir teils gebannt, teils kopfschüttelnd verfolgt.

Wenn etwa ein Karpfenprofi ausgiebig in die Kamera erklärt, mit welchen Futtermischungen er ans Wasser geht: »Hier 200 Gramm Sojamehl, da ein Pulver aus dem Aquarienbedarf, hier für die Proteine ein Spezialfutter aus Frankreich und, ganz wichtig an dunklen Tagen wie diesen, ein bisschen Bio-Melasse. Das Ganze verrühre ich jetzt sehr langsam rechtsdrehend mit zerkleinerten Tigernüssen, die ich eine Nacht in ein Tuttifrutti-Aroma eingelegt habe …« Ohne Witz, so angeln die. Erst mal eine Küche am Wasser aufbauen und einen Teig mischen, der raffinierter ist als alles, was der Durchschnittskonditor so zusammenrührt.

Besonders gaga werden die Filme, wenn die Profis trotz derart demonstrierter Profiness nichts fangen, das kommt durchaus mal vor. Da ist dann große Zerknirschung vor der Kamera, und meistens ist die aktuelle Wassertemperatur schuld. Die ist nämlich allgemein der Knackpunkt. Wenn es zu warm ist, sind die Fische träge, und wenn es zu kalt ist, sind sie ... auch träge. Na ja, immerhin hat man als Zuschauer des Filmchens gelernt, einen Karpfenkuchen zu backen.

Diese Filme haben dazu geführt, dass mittlerweile auch viele Amateurclips im Netz kursieren, da ist Angeln wie Porno. Selbsternannte Raubfischteams mit Namen wie »Basshunter Eschwege« filmen sich gegenseitig mit wackliger Handycam und plappern überwiegend das nach, was sie in anderen Filmen gehört haben, während sie die Angeln schwingen. So was sehe ich mir nur an ganz schwachen Wintertagen an, an denen ich das Gefühl habe, das Eis über den Seen wird nie wieder schmelzen.

Aber das Genre Angelfilm wird weiter expandieren, gerade die Herrschaften aus der digitalen Generation halten schon wie selbstverständlich drauf, wenn der Kumpel einen Biss hat. Ich erwarte auch, dass es bald Livestreams gibt, wo man in Echtzeit am Schreibtisch mit abenteuerlustigen Kollegen zum Lachsfischen nach Schweden oder zu einem Kuttertrip auf der Nordsee aufbrechen kann.

Apropos Lachs: Julia hat eine Alternative zum Angelfilm entdeckt, die ihr mehr Spaß macht. Im schwedischen Lachsfluss Mörrum gibt es eine Unterwasserkamera, die in Echtzeit das Gewese in einem typischen Lachsgumpen überträgt. Man sieht sie also da arglos vorbeischwimmen, diese herrlichen Fische, oder auch, dass tagelang keiner vorbeischwimmt, nur gelegentlich die hoffnungsvoll gezupfte Lachsfliege oder der Blinker eines Anglers. Sehr unterhaltsam!

Das ist schon ziemlich interessant, jenseits allen Klamauks. Denn was man da ins Licht rückt und allen zeigt, ist in den allermeisten Fällen eine sehr korrekte und saubere, eben diese neue Angelei. Die Fische werden schonend zurückgesetzt, das Überlisten, die Freude am Draußensein überwiegen dabei das alte Bild vom Kochtopfangler. Und gerade die Kids, die sich mit ihren kurzen japanischen Ruten am Spreeufer in Berlin herumdrücken und dabei aussehen, als würden sie gleich weiterfahren in den nächsten Club, sind die besten Botschafter des neuen Fischens.

Hunger

Ich weiß nicht genau, wie es kommt, aber ich habe beim Angeln immer sofort Hunger. Dabei ist es, wie vielleicht mittlerweile schon klar geworden, kein körperlich besonders anstrengender Zeitvertreib. Aber kaum bin ich ein paar Minuten auf dem See oder sitze auf dem Stuhl im Schilf, krame ich in meiner Tasche, ob sich nicht wenigstens ein Bonbon dahinein verirrt hat. Ich weiß, dass es anderen Anglern ähnlich geht, und kenne persönlich einige, die ausdauernd mit einem kleinen Grill in ihrem Boot experimentiert haben. Eine Wurst grillen, während die Renken nicht beißen, so sagen sie, das sei so ungefähr die Chefetage der Gemütlichkeit.

Das glaube ich gerne, ich feiere meine Geistesgegenwart schon, wenn ich mal daran denke, einen Müsliriegel einzupacken, und habe ihn meistens in der ersten halben Stunde verzehrt. Wenn ich nichts dergleichen vorbereitet habe und die Angelei ein bisschen arg ereignislos ist, kann die Sache auch mal brenzlig werden.

Jeder echte Angler hat schon mal eine schmutzige Affäre mit dem zu Köderzwecken mitgeführten Dosenmais gehabt. Dagegen ist prinzipiell nichts einzuwenden, kritisch wird es aber, wenn kein Mais im Einsatz ist, sondern zum Beispiel ein Teig aus Semmelbröseln und Grieß, der schon mit einem Kokos-Ananas-Lockmittel für die Karpfen angereichert wurde. Das Zeug riecht dann wie Kuchen, und man muss schon einen eisernen Willen haben, um nicht gelegentlich ein bisschen davon zu naschen.

Vom Angel-Moritz kenne ich die Geschichte, wie er einmal, von schrecklichem Angelhunger gepackt, eine ganze Packung altbackener Discounter-Semmeln, die eigentlich für Graskarpfen gedacht waren, trocken hinunterwürgte, Stück für Stück, bis er schließlich keinen Hunger, aber auch keinen Köder mehr hatte und den Angeltag vorzeitig beenden musste. Die Karpfenprofis, die fernab der Zivilisation an ihren eigenen Boilies lutschen, um den Hunger zu vergessen, oder die Zanderspezialisten, die sich in der Not eine der toten Köderplötzen mit dem Feuerzeug braten, wollen wir an dieser Stelle lieber ins Reich der Fabel verbannen. Worüber man nicht sprechen kann, darüber soll man schließlich schweigen.

Halten wir fest: Es ist einfach schön, unter freiem Himmel ein bisschen Brotzeit zu machen. Und Dosenmais ist ein gänzlich unterschätzter Ersthelfer.

Kleiner Fisch fängt großen

Köderfische sind wichtig. Alle anderen fangen damit Hechte und Zander. Es galt schon immer: Kleiner Fisch fängt großen. Die Alten sagen, Köderfische sind immer noch der beste Köder: natürlich, echt, mit Geruch. Julia sagt, sie findet das Prinzip komisch, einen Fisch zu töten, weil man vielleicht einen anderen damit fängt, und warum man dann nicht gleich den kleinen isst oder eben zwölf davon.

Ich angle nie mit Köderfisch, ich will den Tag nicht mit einem toten Rotauge oder einer toten Laube beginnen, das fühlt sich so an, als würde man zum Auftakt einer großen Reise erst mal in die falsche Richtung durch eine Einbahnstraße fahren. Gefühlssache. Bei eBay kann man sogar tote Rotaugen kaufen, eingefroren.

Die Briten fischen mit Makrelen aus dem Supermarkt auf Hecht. Das habe ich mal versucht, in einem Altwasser des Inns, mitten im Winter, weil ich das Herumsitzen daheim nicht mehr aushielt. Es sah da eigentlich ganz britisch aus, die helle Schilfkante, das klare Winterwasser und ein großer Himmel fast ohne Vögel. Zwei Spaziergänger blieben stehen, als ich die tote Makrele einholte, um nachzusehen, warum kein Hecht sich dafür interessierte. Sie sahen den blauen Zebrarücken der Makrele, die sie nur als Steckerlfisch kennen, und dann mich an, mit einem Ausdruck, wie man einen Betrunkenen aus der Entfernung ansieht, lauernd auf seine nächste Dummheit. Aber wirklich, in England machen sie das überall, nur in Niederbayern weiß das keiner, die Hechte da auch nicht.

Es gab einen Sommer am Starnberger See, da konnte ich überhaupt nichts fangen. Alles war gegen mich. Ankerte ich im Norden, jagten die Barsche im Süden, drehte ich Schlepprunden und bescherte meinen teuren Wobblern kilometerlange Ausfahrten auf vier Meter Tiefe, standen die Hechte auf acht Metern oder auf zwei. Irgendwann verfiel ich auf den Gedanken, dass nur ein toter Köderfisch helfen konnte.

Das »tot« muss man übrigens immer dazusagen, denn es ist nicht ganz selbstverständlich. Bis vor ein paar Jahrzehnten war der lebende Köderfisch erlaubt. Das ist eine fürchterliche Grausamkeit. Und die Alten fischen ihn manchmal noch, wenn keiner in der Nähe ist, und dann rollen sie vielsagend die Augen und erzählen Wunderdinge von der Fängigkeit eines lebenden Fischleins, das einen Haken im Rücken hat. Eine Grausamkeit, punktum.

Ich hätte also durchaus in jenem Sommer einen toten Köderfisch benutzt, aber ich hatte keinen. Es gibt

Gewässer, da muss man nur einen blanken Haken ins Wasser tunken, und schon hängt eine Laube, ein Rotauge oder sonst was Winziges dran, das in riesigen Schwärmen die Uferwasser bevölkert. Der Starnberger See gehört nicht zu diesen Gewässern, und einige glauben, dass deswegen die Saiblinge so mager sind und die dicken Seeforellen so rar. Ich stand auf dem Steg der Bootshütte und ließ Flocken meiner Brotzeitsemmel in den See schneien, aber kein Kleinfisch ließ sich sehen, von Schwarm ganz zu schweigen. Als wüssten sie schon von meinen nicht ganz einwandfreien Absichten. Das kann man natürlich keinem erzählen, dass man mal zwei Stunden bei bestem Hechtwetter am Steg stand, zwei Semmeln Stück für Stück im seichten Wasser versenkte und dabei auf die Antenne des kleinen Schwimmers starrte, die keine Anstalten machte, unterzugehen.

Ich fing keine Köderfische, natürlich. Es war einfach ein schlechter Sommer in Leoni.

Anglertypen

Der Welsangler

Das ist der Rocker oder eher der Heavy-Metaler unter den Anglern.

Die Neigungsgruppe Riesenfisch hat erst im letzten Jahrzehnt so wirklich zu sich gefunden. Seit vom Ebro und Po zuverlässig Welsfänge jenseits der Zwei-Meter-Marke gemeldet werden, erfreuen sich diese Gewässer zunehmender Beliebtheit bei Anhängern von *Silurus glanis*, wie der größte hiesige Fisch so schön auf Lateinisch heißt.

Heute gibt es richtige Wallercamps (Waller ist bairisch für Wels), in denen Herrengruppen in zwei Wochen gezielt verwildern, während ihre Köder nonstop auf den Biss eines Wallers warten. Das schier endlose Ringen mit dem Riesenfisch ist die Droge der Welsangler. Ihr Gerät nimmt sich im Vergleich mit dem Gerät der Allroundangler aus wie ein Bagger neben einem Bobby Car, ihre Köderfische sind so groß, dass sie anderswo als Sonntagsbraten durchgehen würden.

In Umfang seiner Planung und Rüstkammer ähnelt

der Welsangler dabei dem Karpfenprofi, er ist dann aber noch um ein gutes Stück naturverbundener – schließlich hat sich eingebürgert, dass er in der Endphase des Kampfes zu seinem Wels ins Wasser springt und ihn per Wallergriff ins Maul bis ans Ufer befördert. Da die Fische gerne mal jenseits der 100-Kilo-Klasse rangieren, werden die Waller gar nicht mehr aus dem Wasser gehoben, nein, ein Foto, auf dem Fisch und Angler traulich gemeinsam im seichten Wasser herumplanschen – am besten mit schlammverschmierter nackter Brust (bei Fisch und Fänger) –, genügt als Fangbeweis. Dann darf das Ungetüm wieder weiterschwimmen. Das Problem des Welsanglers ist, dass er alle anderen Fischarten langweilig findet, nachdem er einmal einen kapitalen Wels am Haken hatte. Drei Stunden Ansitz auf handtellergroße Barsche? Öde!

Irgendwie macht die Jagd auf die urigen Welse diese Typen auch selbst urig – lange Haare, Augenringe wegen der vielen durchwachten Nächte und dicke Arme vom Fischwuchten. Der Welsangler entfernt sich deswegen zunehmend vom Hauptfeld der Angler und wird ein geheimnisvoller Einzelgänger mit Bart, genau wie sein Zielfisch.

Im Paradies

Ich bin in Tokio und habe einen Chauffeur. Der Concierge des Hotels hat ihm eine Adresse gegeben, und jetzt fahren wir durch das systematische Chaos der Stadt. Das können ja auch nur die Japaner einrichten: ein Chaos mit System. Irgendwann halten wir, und der Chauffeur zeigt auf unser Ziel, ein Angelladen, groß wie ein Supermarkt. Ich bitte ihn, eine halbe Stunde auf mich zu warten, aber er will mitgehen. Die Japaner sind ja sehr freundlich und haben große Angst um ausländische Besucher, weil sie schon ahnen, dass das systematische Chaos eine landeseigene Spezialität ist. Es ist mir nicht recht, dass der junge Mann mit hereinkommt, aber nicht, weil er eine perlweiße Hoteluniform inklusive kreisrundem Pappdeckelhut trägt. Nein, ich weiß, dass hinter dieser Schiebetür das Paradies liegt, und im Paradies will man alleine sein, erst mal. Aber für diese Erklärung sind mein Japanisch und sein Englisch zu schlecht, deshalb bin ich zu zweit im Paradies.

Japan ist das Mutterland der modernen Angelei, Tokio für ernsthafte Angler so was wie Paris für ernsthafte Modisten. Schon immer kamen einige der großen Gerätehersteller von hier, aber in den letzten Jahren ist ein regelrechter Wahn um die Produkte der Insel entstanden, vor allem wenn sie JDM sind. Das bedeutet »Japan Domestic Market« und ist das höchste Gütesiegel für Qualität, denn was die Japaner für sich produzieren, ist tadellos. Sie haben ja traditionell einen Sinn für gutes Handwerk und Feinmechanik, dazu kommt eine hilfreiche Neigung zu exzentrischen Zeitvertreiben, man denke nur an das Kiesrechen im japanischen Garten oder an Ikebana. Mit diesen beiden guten Anlagen haben sie das Angeln auf ein neues Level gehoben, es hat hier überhaupt nichts mehr mit dem Dimpflmoser-Angler aus der Karikatur zu tun, auch nichts mit dem Angeln, das ich als Junge noch kennengelernt habe. Ein Wurm auf einem Haken, das wäre für die Japaner eine unwürdige Angelegenheit. Kein gebildeter Angler denkt an Fahrräder, wenn er den Firmennamen Shimano hört. Nein, die Angelrollen von Shimano haben seit jeher einen ausgezeichneten Ruf, zumindest was die JDM-Modelle angeht. Und neben Shimano gibt es noch etliche andere Firmen, deren Produkte bei Angelstammtischen und in sogenannten Tackle-Blogs auf der ganzen Welt besprochen werden. Auf einer großen Messe in Osaka zeigen die Japaner jedes Jahr, was sie Neues für die Fische und Angler erfunden haben, und die wirklichen Fans sitzen dann im Livestream dabei und reiben sich die Augen. Die dort vorgestellten Angelruten sind mittlerweile dünn wie Buntstifte, sie wiegen nur ein paar Gramm und sind für eine einzige Angeltechnik für eine einzige Fischart geeignet – und dann gibt es noch Variationen für schlechtes und gutes Wetter. Das nur, um ein Gefühl für die Raffinesse zu bekommen, an der die Branche mittlerweile tüftelt. Japan und die USA haben aus den ehemals genügsamen Anglern konsumorientierte Hightech-Sammler gemacht.

In den Werbevideos der hippen Angelmanufakturen sieht man durchgeknallte junge Japaner in Klamotten mit Neontarnmuster, die unglaubliche Dinge mit ihren Kunstködern machen, hinter dem Rücken in den nächsten Wasserfall schlenzen und dabei unentwegt in die Kamera quasseln. Zack, schon biegt sich die Bleistiftrute bis ins Griffteil, der Neontarntyp schreit, und ja, da ist der Schwarzbarsch schon aus dem Wasser, wird in die Kamera gehalten, und aus dem Maul des Fisches ploppt eine Sprechblase mit japanischen Schriftzeichen. Am Ende ist immer noch so ein Stroboskop-Effekt über dem Bild. Ich kann solche Sachen stundenlang ansehen und weiß danach erstens, dass ich ein Aspirin brauche, und zweitens, dass ich diese neuen Wobbler und diese Rute haben muss, koste es Zollgebühren, was es wolle. Vielleicht auch so eine Baseballkappe in Neonflecktarn?

Es gibt viele Angelforen im Netz, wo sich JDM-Infizierte untereinander austauschen und kunstvolle Fotos ihrer japanischen Wobbler und Gummiköder hochladen – eine Art Selbsthilfegruppe, allerdings mit nicht besonders heilsamem Effekt. Nach einer Stunde in so einem Forum bin ich jedenfalls stets überzeugt, noch eklatante Lücken in meiner Sammlung zu haben, und google Flüge nach Japan.

Das Virus ist gut fürs Geschäft. Ein japanischer Wobbler kostet in Deutschland locker 25 Euro, wenn man ihn überhaupt bekommt. Dafür erhält man eine fingerlange, perfekte Fischimitation aus Kunststoff, vierfach lackiert und, äh, gefühlsecht. Es sind kleine Kunstwerke, die bei nicht wenigen Käufern gleich in die Vitrine wandern. Viel zu gefährlich, so einen raren Importwobbler wirklich ins Wasser zu lassen, ein Ast, ein versunkenes Fahrrad im Rhein, und das Ding ist futsch. Ich habe gestandene Angler gesehen, die Tränen in den Augenwinkeln hatten, als sie ein solcher Hänger für immer von ihrem japanischen Geliebten getrennt hat.

Das Fischen, diese immer irgendwie schmutzige und einfache Beschäftigung von früher, ist zu einem urbanen und sehr sauberen Trend geworden. Alles ist dabei plötzlich wichtiger als der Fisch, der natürlich in den allermeisten Fällen wieder zurückgesetzt wird. Spezialklammern, die aussehen wie Karabiner von Sportkletterern, heben den Barsch für ein paar Sekunden aus dem Wasser, dann lässt man ihn daran zurück, minimale Schädigung, kein direkter Kontakt, aber ein Foto für Instagram.

Es ist also ein großer Mythos um japanische Angelgeräte, und ich würde lügen, wenn ich sagen würde, ich könnte mich davon frei machen. Es gibt meiner Erfahrung nach viele Angler, die auch einen Hang zum

Sammeln haben. Es ist also eine ziemlich gute Idee, ihnen überteuerte, aber seltene Geräte vor die Nase zu setzen.

Deswegen der Chauffeur und die Lücke in meinem geschäftlichen Reiseplan, die eigentlich gar keine ist. Aber ich konnte einfach nicht in Tokio sein ohne Angelladen. Die anderen im Forum haben mich schon seit Wochen dafür gefeiert, und jetzt ist es so weit, ich bin im Paradies. Augen auf. Hinein fluten alle Reize, alle Markennamen, alle unerhörten Kleinigkeiten, die ich nur aus dem Netz kenne. Ich stehe in einem Gang, der mehr Regalfläche hat als die meisten deutschen Angelläden, und es hängen nur Wobbler da, das ist nur der Wobblergang. In diesem Moment habe ich alle Vorsätze vergessen, Bausparpläne, Altersvorsorge, weiß nicht, wo anfangen, worauf die Augen scharf stellen, greife mit beiden Händen in die Auslagen.

Der Chauffeur hüstelt, da merke ich, dass schon Zeit vergangen ist. Er langweilt sich fürchterlich, er hat den Blick, den alle vernunftbegabten Menschen ohne JDM-Virus haben, wenn sie eine halbe Stunde vor einem Gebirge aus Kunststofffischchen stehen müssen. Dieser Blick ist international gleich, Julia hat ihn auch manchmal. Ich kämpfe die Panik nieder, noch war ich ja nicht mal bei den Schnüren, den Gang mit den Rollen habe ich nur gestreift, die Ruten, die bleistiftdünnen, die Wirbel, Haken, Kästchen und Döschen, alles in Japan-Qualität, habe ich noch gar nicht gesehen. Meine kopfeigene Yen-Wechselstube hat längst kapituliert. Es ist nicht mehr das Paradies, es ist jetzt doch die Hölle.

Wahllos schleudere ich Sachen in den Korb, den der Chauffeur dienstbar hält, dann gehe ich zur Kasse, der Verkäufer dort ist flackernde Pupillen und irres Kichern offenbar gewohnt und bucht ungerührt so etwas wie vierhundert Euro von der Kreditkarte.

Lautlos fahren die Türen des Paradieses hinter uns zusammen, und ich hole zum ersten Mal Luft. Es tröpfelt in Tokio, auch wenn das sicher nicht das richtige Wort dafür ist. Wieder im Auto, versinke ich in den weichen Rücksitzen der Hotellimousine, es dämmert, und der Verkehr ist ein zäher Teig mit Rosinen aus Rücklichtern. Mein Schatz in zwei Tüten auf meinem Schoß, meine Plastikfischchen. Das Paradies ist hinter uns versunken. Ich werde nie wieder hinfinden, das weiß ich.

Fliegen binden

Der Winter ist die Ruhe des Anglers. Sofern er nicht den kalten Fischen wie Rutten und Huchen nachstellt. Aber diese Gelegenheit haben oder ergreifen die wenigsten. Kaum einer jedoch kann das Angeln einfach so für vier Monate sein lassen. Im Gegenteil, nach sechs Wochen ohne Rolle in der Hand sind die meisten schon ganz schön, pardon, von der Rolle und ziemlich dünnhäutig. Entzugserscheinungen, ganz klar. Anfang März werden in den Angelforen, in denen sonst ein sachlicher Ton und Solidarität herrschen, Meutereien und Grabenkämpfe ausgetragen, dann kriegen sich die Foristen über Fragen der richtigen Schlepptiefe oder der korrekten Auslegung von Fischereibestimmungen in die Wolle. Ab Mitte April, wenn jeder schon wieder zwei verfrorene Tage am Wasser genossen hat, sind alle wieder normal.

Bei mir ist es meistens so, dass ich Ende November mit Genugtuung die Angeltasche schließe und das Zeug bis in den Januar keines Blickes würdige – denn zum Ende der Saison wird es immer mühsamer und unwirtlicher am Wasser, alles ist ein bisschen verbraucht, auch die Lust. Aber dann, wenn draußen ein Meter Schnee liegt und ich gerade mit dem Gedanken spiele, vielleicht doch das Boot abzumelden oder doch mal keine teure Jahreskarte für den Forellenbach zu kaufen, geht es wieder los. Meistens, weil ich aus Langeweile den Stapel alter Hefte durchgehe oder in einem Schweizer Forum (ich bin in etwa zehn Angelforen angemeldet) schon die Seeforellen-Saison eröffnet wird. Die Schweizer kennen da nix, die fahren ab Mitte Januar raus. Und auf einmal ist das Fieber wieder an. Gerade wollte ich noch in eine Galerie gehen oder ein Curry kochen, stattdessen wühle ich jetzt die Angelsachen hervor, und jede Berührung mit den altbekannten Utensilien heizt mich noch mehr an, alles ist elektrisch.

Ich mache die Angeltasche auf, ärgere mich nur kurz, dass ich im November vergessen habe, die angebrochene Dose Mais zu entsorgen, und dann breite ich erst mal alles aus, um einen Überblick über die Gesamtsituation zu bekommen. Das ist eine schöne Sache für ein verregnetes Wochenende, allerdings wäre es noch besser, wenn ich die Madame dazu ausquartieren könnte. Sind nämlich erst mal die Inhalte von allen fünf hauptamtlichen Taschen und Kisten samt etlicher Unterkisten und -boxen ausgebreitet, kommt man nur schwer durch die Wohnung, ohne sich einen rostigen Drillingshaken am Strumpf zu fangen oder versehentlich auf einen angegammelten Gummifisch zu steigen. Solche Vorfälle können die Wohnatmosphäre empfindlich trüben. Aber es ist unverzichtbar, dass ich erst mal Inventur mache, bevor ich etwas Neues kaufe, wobei beides, ehrlich gesagt, dann doch kaum in Kausalzusammenhang steht. Leider endet meine große Angelinventur immer etwas unrühmlich. Zum einen, weil ich am Sonntagabend die diversen Haufen wieder zurück in die viel zu kleinen Taschen stopfe, ohne ansatzweise eine richtige Ordnung erwirkt zu haben. Zum anderen, weil im Kopf eine erstaunliche Einkaufsliste erwachsen ist, ganz wie von selbst.

Natürlich gibt es auch sinnvolle Wintertätigkeiten. Das Fliegenbinden zum Beispiel. Wie die ganze Fliegenfischerei ja so eine Art Gentleman-Club der normalen Fischerei ist, ist auch das Fliegenbinden eine überaus ehrenwerte Beschäftigung. Man denke sich ein Kaminzimmer irgendwo in Schottland, draußen geht ein eisiger Wind, drinnen knistert das Feuer, ein spätes Sean-Connery-Double sitzt da im weichen Tweed-Anzug, schmaucht eine Pfeife und widmet sich dem Binden einiger Lachsfliegen und ein paar Gläsern Whisky. Genau in so eine Kulisse passt das Fliegenbinden. Zumindest denken das alle, die nur das Wort hören, aber noch nicht tiefer in die Materie eingestiegen sind. In Wirklichkeit sitzen die fanatischen Fliegenbinder (ja, das ist noch ein Zusatzfanatismus, den man erwerben kann) in grell beleuchteten Hobbyräumen im Keller, Dutzende Plastikbeutel mit Bindematerialien um sich herum. Aber egal, denn was da entsteht, sind oft wirklich Kunstwerke mit Mehrwert für den nächsten

Sommer am Forellenbach. Zumindest, wenn man es beherrscht und Freude an Fitzelkram hat. Ich binde immer nur Nymphen, für die Angelei auf Renken. Das Nymphenbinden verhält sich zum Binden einer Lachsfliege in etwa so wie Minigolf zu Golf.

Nymphen, das ist der Oberbegriff für alle Mückenlarven, die durchs Wasser treiben. Mücken haben ja die verrückte Angewohnheit, ihre Eier im Wasser abzulegen. Aus dem Schlamm steigen die Larven dann zur gegebenen Zeit hinauf an die Oberfläche, wo sie, hoppla, zu Mücken werden und wegfliegen. Wirklich, das ist wieder so ein System, wo man sich fragen muss, wem so was einfällt, also schöpfungstechnisch. Jedenfalls, auf dem Weg von der Schlammwiege hinauf an die Oberfläche stellen diese Mückenlarven die optimale Nahrungsergänzung für so ziemlich alle Fischarten dar. Die Leckerbissen fahren zu Millionen jeden Tag wie im Aufzug direkt ins Fischmaul hinein, und eben gerade die Renken sind große Nymphenschlucker. Bis ins letzte Jahrhundert hinein wurde angenommen, sie würden sich von Plankton ernähren und wären deshalb mit der Angel unfangbar, aber weit gefehlt: Den wackeren Pionieren, die es einst als Erste mit kleinen Nymphen-Imitationen probierten, muss ein paradiesischer Fischzug geglückt sein. Bis heute ist die Nymphe der einzige Köder für Renken. Das ist sehr selten, dass eine Fischart wirklich nur auf ein System beißt.

Im Grunde muss man beim Nymphenbinden nur einen winzigen Haken mit Bindfaden umwickeln, so lange, bis eine Art Körper entsteht. Der wird dann noch optisch in ein paar Segmente aufgeteilt und dazu ein Glitzerfaden eingebunden – fertig. Aber wie in jedem Teilbereich der Angelei gibt es auch hier reichlich Spielraum für individuelle Spitzenleistungen, pardon, Optimierung. Ich kenne Kollegen, die sich Bindegarn aus Übersee bestellen, und andere, die mit kleinen Glasköpfchen experimentieren, mit grellen Schockfarben für die großen Tiefen der Alpenseen oder mit UV-Sichtbarkeitstabellen ankommen, die besagen, dass die Lichtbrechung ab fünf Meter Wassertiefe ... und so weiter. Dafür habe ich keinen Nerv, ich binde nur widerwillig meine Nymphen für den nächsten Sommer. Die ersten drei sehen immer aus wie unglücklich in der Sonne verschrumpelte Miniwürmer mit Vokuhila, die nächsten sind noch etwas borstig, dann komme ich langsam in Fahrt, lackiere sie mit durchsichtigem Nagellack, den ich Julia vor langer Zeit leihweise entwendet habe, und zwei Tage später glänzen meine Nymphen wie frisch eingebuttert.

Ich binde immer die gleichen Farben: Braun, Lila, Rot. Jeder Renkenangler hat »seine« Farben, die durch irgendwelche Monsterfänge legitimiert sind. Ich habe weder Monsterfänge vorzuweisen, noch kann ich mir merken, auf welche Farbe die letzte Renke gebissen hat. Trotzdem sind das meine Farben, falls mal jemand fragt. Und das Nymphenbinden ist meine offizielle Winterbeschäftigung. Klingt einfach distinguierter, als mit rostigen Drillingen an den Strümpfen herumzulaufen.

Ein Boot

Ich kaufe ein Boot, es ist tiefster Winter. Die Annonce stand im Internet: »Kleines Boot, absolut fahrtüchtig, gute Wasserlage, leicht zu rudern, umständehalber abzugeben.« Die Fotos dazu sehen ganz brauchbar aus, das Boot ist grün und ein bisschen schäbig, aber irgendwie auch anders als die anderen, und das gefällt mir immer. Also schreibe ich dem Mann eine Mail, und er schlägt vor, dass wir uns das Boot gemeinsam ansehen. Es liegt am Starnberger See, was praktisch ist, denn da soll es auch bleiben.

Der Mann ist alt, aber noch drahtig. Er sagt, dass er seit fünfunddreißig Jahren hier fischt, und umreißt mit einem Arm den halben See. Obwohl es Februar ist, schauen wir beide, ob nicht schon ein paar Fische aufgehen irgendwo. Ein Anglerreflex, wie der Alte lächelnd bemerkt.

Dann sagt er einen Satz: »Die Leidenschaft verbindet.« Und zeigt dabei erst auf mich und dann auf sich. Ich weiß nicht gleich, was er damit meint, schließlich will ich nur ein Boot kaufen. Aber dann sagt er es später noch mal, als wir das Geschäft bei einem Kaffee im leeren Seecafé begießen. Draußen paddeln ein paar eisige Blesshühner herum, wir sprechen über Seeforellen und jene Sommerwochen, in denen der Holunder blüht und den Fischen nach einer alten Legende die Mäuler wie vernagelt sind, keiner weiß, warum. So reden wir eine Stunde, ein alter und ein junger Mann, die sich noch nie gesehen haben, aber im gleichen Boot sitzen.

Ich habe ein bisschen Angst zu fragen, warum er das Boot verkauft, schließlich ist er alt, und jeder Angler fürchtet sich vor dem Moment, in dem er zwar noch Angler ist, aber nicht mehr zum Angeln gehen kann.

Dann sagt er es selber, und es ist der beste Grund, den ich je gehört habe: Der Starnberger See ist ihm zu langweilig, er hat hier alles gefangen. Er geht jetzt zum Tegernsee, mit einem neuen Boot, das er sich in den Niederlanden bestellt hat, Alu. Keine Spur von Aufgabe, es geht immer weiter. Ich kann ihn anrufen, sagt er zuletzt, wenn ich mal nicht weiter weiß am See oder nichts fange, er hat immer noch einen Tipp parat. Bloß nicht schüchtern sein, schließlich: Die Leidenschaft verbindet.

Er lässt noch mal seinen Arm über den See kreisen. Dann fährt er, und ich stehe da, mit meinem neuen alten Boot. Es wird Zeit, denke ich, dass der Winter vorbeigeht.

Ansichten

Der Moritz kann besser Fische erkennen als jeder andere.

Die wirkliche Herausforderung unter Anglern ist es natürlich nicht, Fische zuzuordnen, die klar vor einem liegen, sondern sie auch dann richtig zu erkennen, wenn sie nur für den Bruchteil einer Sekunde als dunkle Schatten unterm Boot oder der Brücke durchziehen, wenn man nur eine Ahnung vom Fischkörper hat. Jede Art sieht von oben wieder anders typisch aus, aber man braucht schon große Übung (und Augen), um dann eine Bach- und eine Regenbogenforelle auseinanderhalten zu können – Rücken, Flossen, Körperform sind sich ziemlich ähnlich. Dem Moritz aber genügt ein Blick, dann sagt er: »Ui, das war eine 40er-Bafo!« Ich sehe dem Schatten eilig nach und sehe nur einen Schatten, lasse mir aber nichts anmerken.

Er ist schon wichtig, dieser Schnellcheck, denn es passiert gelegentlich, dass man einen Fisch am Haken hat, der kurz vor dem Keschern verlustig geht. Dann ist nichts schlimmer, als wenn man gar nicht weiß, worum es sich handelte. Solche anonymen Fische verfolgen den Angler lange, sie lösen eine ganz unangenehme Unruhe aus. War es der Superfisch? Was ganz Seltenes? Das legendäre Zanderweibchen mit dem Kugelbauch? Alles möglich.

Deswegen ist es gut, wenn man den Moritz dabeihat, der auch an einer Flosse in zwanzig Meter Entfernung erkennt, dass es nur ein mittlerer Brachsen war, den man dran hatte. Es ist immer nur ein mittlerer Brachsen.

In fremden Gewässern

Ich fahre zur Donau. Ich habe einen Tag freigenommen, es ist ein frischer Donnerstag Anfang Juni, nicht zu warm, und über dem Bayerischen Wald hängen ein paar Wolken, aber nicht zu dunkel. Pralinenangelwetter. Die Autobahn ist frei, ich finde einen Parkplatz direkt vor dem Angelgeschäft in Passau. Die lokale Angelhexe ist freundlich, sie schreibt meinen Namen auf einen Erlaubnisschein, verkauft mir Regenwürmer aus Kanada und sagt, das sind die besten. Dazu raffe ich im Vorbeigehen noch eine Handvoll Kleinzeug im Gegenwert von nicht mehr als 25 Euro zusammen, schon bin ich wieder draußen, und es ist immer noch erst halb zehn.

Die Vorfreude auf einen Angeltag ist wie alle Vorfreuden eine außerordentlich angenehme Sache, das langsame Fahren an der Uferstraße zögert den Spaß noch hinaus: Ah, da stehen schon welche, also weiter. Das Auswählen eines Platzes, die Verheißung, ja, dort drüben hin, da sieht es gut aus. Das flüstere ich leise vor mich hin, sehr gut. Ich baue meine Ruten an einer kleinen Lücke in der Uferböschung auf. Die Donau fließt langsam und freundlich, auf der anderen Uferseite ist schon Österreich, und es riecht nach Marillen, das bilde ich mir ein.

Heute will ich gar nicht anstrengend angeln, keine Taktikpläne, keine komplizierten Techniken, die japanische Tasche habe ich zu Hause gelassen, es wird auch kein Herumwandern mit der Spinnrute geben. Nein, hundert Gramm Blei, dahinter ein Wurm, und das Ganze in die Strömung donnern, so steht es auf dem Plan für heute. Eine Montage, so elegant wie eine Abrissbirne, aber an der Donau darf man das. Die Donau ist eine tolle Lotterie, hier gibt es so viele Fischarten, und alle beißen sie auf einen Wurm, man muss nur warten, der Fluss serviert einem eine gemischte Fischplatte, ohne Zitrone. Ach, und wie erhebend es ist, in einem ausgeleierten Campingstuhl am Strom zu sitzen. Jeder Europäer sollte mal an der Donau Platz nehmen in der ersten Reihe und auf das viele Wasser schauen, das noch Wien und Bratislava und Budapest vor sich hat. Ich bin ganz allein hier, nur ab und zu fährt ein Frachtschiff stromauf, und das ist immer so, dass ich aufspringen und strammstehen möchte, weil manche sind wirklich am Schwarzen Meer losgefahren, ihre Fahnen wehen am Heck, und die Schiffshunde bellen auf Bulgarisch.

Aus dem Augenwinkel sehe ich, wie die rechte Rutenspitze ausgesprochen verdächtig zuppelt. Ich fange ein dickes Donau-Rotauge, setze es vorsichtig zurück und denke, das geht ja gut los. Dann lange nichts. Die kanadischen Würmer sind toll, zweifelsohne, jedes Mal wenn ich meine Haken kontrolliere, sind sie weg, »ogfieselt«, wie der Niederbayer sagt, das heißt: abgefieselt. Ich wechsle die Haken, vielleicht sind sie nicht scharf genug. Ich kürze die Vorfachlänge, vielleicht habe ich dann besseren Kontakt zu den wilden Tieren im Strom. Es bleibt dabei, die Rutenspitze wippt einmal, aber bis ich aufgesprungen bin, ist das Wippen wieder weg und der Wurm auch.

Ein alter Mann schiebt sein Fahrrad den Uferweg entlang und bleibt natürlich bei mir stehen. Er sieht dem Schauspiel eine Weile zu und sagt dann: »Ogfieselt.« Ich nicke, wie meine Rutenspitzen – einmal kurz und heftig. Ahne schon, was noch kommt, Lamento nämlich. Er habe, sagt er, ja sein ganzes Angelklump verkauft, und zwar schon lang. »Weil da«, er erwischt mit einem Handstreich die ganze riesige Donau, »da ist ja nix Gscheides mehr drin.«

Bis zu dieser Stelle ist das ein ganz handelsübliches Lamento alter Männer in Wassernähe, sie sagen immer das Gleiche. Dann wird es aber interessant. Es stellt sich nämlich heraus, dass nicht nur Schiffe vom Schwarzen Meer kommen, sondern auch Fische, aber nicht auf Schiffen, und bevor es ein Zungenbrecher wird, sage ich es lieber gleich: Schwarzmeergrundel. Die ist nicht heimisch, gehört nicht hierher, sagt der alte Mann. Ah, denke ich, ein Fischrassist. Es zupft wieder, diesmal an der linken Rute. Das sind sie, sagt der Alte. Fressen alles, gierig, schade um die Würmer, die anderen Fische haben gar keine Chance, die Grundeln sind immer schneller. »Mei, weißt eh.«

So ist das. Ich stehe an der Grenze zu Österreich, und Grundeln vom Schwarzen Meer fressen meine kanadischen Würmer. Der Alte lacht sich zahnlos ins Fäustchen und schiebt weg. Am Ende lachen sie immer, und das hallt dann beim Belachten besonders lange nach. Eine halbe Stunde später habe ich sie dann leibhaftig vor mir, die Grundel. Ein Fisch, handlang und keilförmig, mit einem feisten Kopf und riesigem Maul, aus dem noch das letzte Ende meines Wurmes ragt. Er starrt mich aus dunklen Schwarzmeeraugen böse an. Viel zu viele Flossen für meinen Geschmack, aber im Aquarium wäre er durchaus hübsch anzusehen. Ich habe kein Aquarium, ich will die Grundel nicht anfassen, solche Typen haben gerne irgendwo einen Stachel unter den Kiemen oder in der Rückenflosse. Zum Glück kann ich den Haken mit spitzen Fingern lösen, der Fisch klatscht zurück in die Donau, den Wurm nimmt er mit.

Jetzt ist der Tag irgendwie weit weniger feierlich. Ich grolle gegen die Grundel, die killt hier die ganze gemütliche Donau-Angelei! Oder eigentlich war es der Alte mit dem Fahrrad. Hätte er mich nicht aufgeklärt, hätte ich das Zupfen und die gelegentliche Grundel am Haken als unterhaltsame Gesamtsituation verbucht, jetzt aber mag ich gar nicht mehr auswerfen, weil ich schon weiß, was kommt. Das ist das Irre beim Angeln, eine kleine Veränderung macht alles exakt so sinnlos, wie es für den kühlen Betrachter schon immer war. Als hätte man dem Angler die rosarote Brille abgenommen, sieht er sich selbst plötzlich als komische Figur am Ufer eines irgendwie überschätzten Stroms, der langweilig braungrau vor sich hin fließt, dem trostlosen Ostblock entgegen.

Wie ich so ungut mit den Würmern spiele, kommt ein anderer Greis ohne Fahrrad, noch älter, und mit Angelrucksack auf dem Rücken. Was sich rühre, will er wissen. Es rühre sich natürlich nur die Grundel, seufze ich wie einer, der schon lange mit ihr ringt.

»Ach ja«, sagt der ganz Alte, »die Grundel, ein solches Glück.«

»Wieso jetzt«, frage ich.

»Na, die Zander«, sagt der Mann, »die fressen die Grundeln, werden wieder so richtig fett.« Und dann deutet er mit seinem Arm ganz perverse Zandergrößen an, randvoll mit Grundel.

»Ach«, mache ich etwas unschlau, »dann …«

»Genau«, sagt der Angelrucksack. »Die besten Köderfische, die wir je hatten, einfach raus damit, da kann alles drauf beißen, sogar die Waller«, sagt er, lacht und wandert weiter. Am Ende lachen sie immer.

Die Donau ist gerettet. Am Nachmittag bescheint die Sonne lieblich meinen kleinen Platz in der Uferböschung, der Marillenwind weht leicht, ich verfüttere meine letzten Würmer an die Grundeln, in der Hoffnung, dass noch mal eine hängen bleibt, mit der ich dann den Dickzandern auf die Schliche komme. Leider tut mir keine Grundel mehr den Gefallen, sie fieseln mit chirurgischer Genauigkeit die Würmer ab, aber denken nicht daran, noch mal hängen zu bleiben.

Aber ist auch egal, es ist ja wieder spannend, der

Mann am Ufer, der sich heute einfach einen Tag freigenommen hat, er ist nicht mehr komische Figur, sondern wieder ernsthafter Angler mit einem teuflischen Plan und Vorfreude. Und das ist im Grunde das Wichtigste. Oder sagen wir, im Grundel.

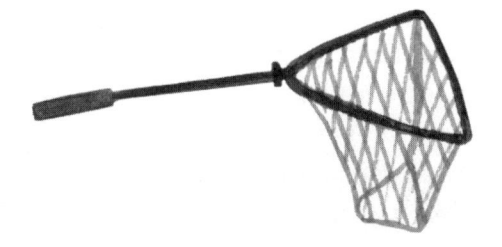

Mitangeln

»Das schönste Geräusch, das es gibt«, sagt die Madame, als sie einmal beim Angeln dabei ist. Ich verstehe gar nicht, was sie meint. »Na, das Spulenschnurren«, sagt sie und zeigt auf meine rollende Rolle. Sie darf seitdem immer einholen, wenn sie dabei ist, und freut sich dann wie ein Maschinenbaustudent an dem, was sie »einfach eine gute Mechanik« nennt. Sie hat sonst keine besondere Neigung zu Kugellagern und Getrieben, aber die Angelrollen gefallen ihr.

Auswerfen haben wir auch mal geübt, in den Ferien in Schweden. Wir saßen in einem etwas kippligen Boot, was bestimmt nicht der beste Ort für den ersten Auswurf ist, aber sie hat den Blinker schon nach zwei Versuchen sehr ordentlich Richtung Horizont befördert. Beim Einholen meinte sie, es würde so eiern. Manchmal eiern Blinker, nämlich wenn sich ihr Drilling im eigenen Sprengring verheddert hat. Also sehe ich nur prophylaktisch auf die Rutenspitze. Die eiert nicht, die schlägt ganz unorthodox aus – Madame hat einen dran.

»Hoch die Rute!«, rufe ich. »Festhalten, das ist ein Hecht!« Eine Sekunde lang sehe ich deutlich, wie sie überlegt, die Rute über Bord zu werfen und ein bisschen zu kreischen, aber dann kurbelt sie einfach ungerührt weiter ein und hat ihren ersten schwedischen Hecht gefangen. Nicht gerade ein Riese, streng genommen sogar ziemlich untermaßig, aber doch ein Hecht.

Der Fang war auf mehreren Ebenen historisch. Nicht nur war es Madames erster selbstgefangener Fisch, sondern auch der erste Fisch des Urlaubs, der erste an diesem See, den ich schon seit drei Tagen ausgiebig beangelte. Wir ließen ihn wieder schwimmen, aber es kam natürlich trotzdem, was kommen musste: Meine bezaubernde Freundin hatte Oberwasser. Mehrmals erkundigte sie sich in den nächsten Tagen, ob ich denn auch auf Hecht gefischt hätte? Hatte ich. Und ob ich auch an dieser Stelle mit diesem Blinker gewesen wäre? War ich. Ja nun, sie verdrehte die Augen und spielte Operndiva, wo genau denn das Problem sei, jeder zweite Wurf bringe hier doch einen Hecht. Sie werde, schloss sie ihre Polemik, sich von nun an persönlich um die Fischversorgung der Familie kümmern müssen und bei jeder Ausfahrt dabei sein. Es gehe leider nicht anders, der Mann schaffe das ja nicht allein. Ich fing den ganzen Urlaub keinen Hecht mehr, aus Trotz.

Die Riesenrenke

Der Moritz und ich sitzen in meinem Boot. Es ist unsere erste gemeinsame Fahrt in meiner Plastikwanne, und ich hätte gern, dass sich der See und das Boot von ihrer besten Seite präsentieren. Aber es beißt nichts. Heiß ist es, der See ist eine warme Suppe ohne Fischeinlage, wie es scheint. Wir haben schon drei oder vier Plätze angefahren, aber nirgends gab es Renken, von Saiblingen ganz zu schweigen.

Wenn man drei oder vier Plätze ausprobiert hat, die sonst todsicher zumindest einen Fischkontakt ergeben, dann ist das beim Renkenfischen im Grunde eine klare Unterlassungserklärung der Fische, dann kann man es auch sein lassen. Aber man tut es nicht, schon gar nicht, wenn es ein lang organisierter und mühsam freigehaltener Sonntag mit dem Angel-Moritz ist. Dann wird durchgefischt. Und das Renkenangeln ist ja nicht gerade anstrengend, man kann dabei in der Sonne liegen, die Nymphen mit einem gelegentlichen Wackler aus dem Handgelenk auf neun Meter Tiefe tanzen lassen und aus dem Augenwinkel die feine Rutenspitze im Auge behalten, ob sie nicht doch eine verdächtige Bewegung macht. Ehrlich gesagt, nach drei Stunden vergeblichem Im-Auge-Behalten lassen die Reaktionen aber deutlich nach.

»I glaub, jetza is mir kurz eine neigrannt«, brummt der Moritz unter seinem Hut hervor, und ich setze mich auf. Renken sind Schwarmfische – wenn eine nuckelt, sind meist auch andere unterm Boot. Gleich ist das Dösen vorbei, gleich wird die Spitze meiner Rute wieder besser beobachtet als die amerikanische Botschaft in Bagdad. Da, ein winziges Wackeln außer der Reihe. Bis die Synapsen es weitergeleitet haben, ist es schon wieder vorbei. Aber meine Hand liegt jetzt über der kleinen Rolle, ich atme flach, der langweilige Sommersee ist innerhalb von einer Minute zum Austragungsort eines Thrillers geworden. Angeln ist eine herrliche Sache, habe ich das schon erwähnt? Es ruckelt wieder, ich reiße die Rute nach oben und komme nur bis zur Hälfte, Widerstand. Der Moritz brummt anerkennend, weil sich die feine Rute gleich bis zum Bootsrand biegt. Das ist nichts Besonderes, die Renkenruten sind extra so gebaut, damit sie jede Flucht dieser hochengagierten Fische abfedern, die biegen sich auch bei kleinen Renken so. Aber diesmal ist was anders. Die Bremse der kleinen Rolle macht ein sehr langes Geräusch, der Fisch nimmt Schnur, richtig viel. Er zieht vom Boot weg und Richtung Ufer, ich kann nichts machen mit meinem feinen Gerät, ich lasse ihn ziehen. Die 20-Meter-Markierung auf der Schnur verschwindet im Wasser, die 30er auch. »Oha«, sagt der Angel-Moritz und holt seine Rute ein. Das ist ein typischer Anglerreflex, wenn was Größeres erwartet wird, schließlich soll es keine Verwicklungen geben. »Der, moan i, is koa Schlechta.« sagt er. »Abwarten«, sage ich. Vor einigen Wochen hatte ich einen großen Fisch an meiner Renkenangel, der die Aerodynamik einer Kloschüssel hatte und sich mit voller Breitseite gegen die Schnur legte. Ich dachte eine ganze Weile, ich hätte einen Taucher erwischt, aber dann war es nur ein Brachsen, nicht besonders glamourös und sehr schleimig.

Der Fisch steht jetzt stur am Grund, alle halbe Minute schlägt er wütend in die Schnur. Ich kann nichts machen, die paar Meter Schnur, die ich auf die Rolle bekomme, nimmt er mir beim nächsten Anlauf wieder ab. Unentschieden bis jetzt. Der Moritz bringt schon mal den Kescher in Stellung. »Der kommt noch lang nicht«, sage ich. Es sind vielleicht schon acht Minuten seit dem Biss vergangen, aber das merke ich nur, weil mir langsam mein Kreuz von der angespannten Sitzhaltung wehtut und meine Oberarme schmerzen, ich halte die Rute immer noch so wie nach dem Anschlag, unnatürlich weit oben über dem Brustkorb, um noch Spielraum nach unten zu haben, für die nächste große Flucht. Wir rätseln, was das sein könnte, U-Boot scheidet aus. »Seeforelle?«, frage ich. Moritz schüttelt den Kopf, das Fluchtverhalten passt nicht dazu. »Karpfen?« Wieder Kopfschütteln. Der hätte in der ersten Flucht noch mehr Schnur genommen.

Wir sprechen es nicht aus, wissen es aber beide: Dieser Fisch kämpft wie eine Renke. Aber wenn das eine Renke ist, dann ist sie gewaltig, immer noch zieht sie Schnur von der kleinen Rolle. Wir wissen auch: Eine große Renke sicher ins Boot zu bringen ist ein Unternehmen mit etwa den gleichen Erfolgschancen wie ein mittlerer Lottogewinn. Endlich kriege ich ein paar Meter Schnur zurück, die 20-Meter-Marke kommt rein, immer noch haben wir keine Schuppe von unserem prachtvollen Gegner gesehen, immer noch zwingt er meine Rutenspitze bis auf die Wasseroberfläche, wenn es ihm passt.

Der Moritz steht mittlerweile. Ich muss mal wieder atmen. Ein kurzer Blick in die Runde, der See liegt immer noch in der gleichen Beschaulichkeit. Ein paar hundert Meter weiter links paddelt einer auf einer Luftmatratze, die Segler dümpeln durch die Flaute, aber hier, auf meinen drei Quadratmetern Plastik, spielt sich ein Drama ab: zwei Männer und ein Fisch, ein großer Fisch. Jetzt kommt er hoch, zum ersten Mal, aber nicht am Boot, sondern etwa zehn Meter voraus. Zwei, drei Wasserwirbel kündigen es an, dann eine silberne Flanke, eine halbe Sekunde lang, eine mächtige silberne Flanke. Dann taucht er wieder.

Zum Glück habe ich den Moritz an Bord und mit ihm einen hochspezialisierten Fisch-Profiler. »Renke«, sagt er mit trockenem Mund. Dann mit Juchzer: »Oide Mutti, is dös ein Apparat!« Er freut sich, und ich freue mich, das sind die größten Momente beim Angeln, wenn man so was teilen kann. Die Bremse singt, der Fisch taucht jetzt wie ein Eilzug unterm Boot durch, meine Rute ist ein Halbkreis, dann federt sie zurück. Das war's. Kein Kontakt mehr. Wir sind erschrocken, erst, dann demütig. War ja klar, dass man so eine Renke nicht rausbekommt. Aber himmelverflixtjaleckmichdoch, so ein Luder!

Der Moritz, der sie im Stehen besser gesehen hat, präzisiert noch mal den einen Augenblick, und ich glaube, er romantisiert auch schon ein bisschen: »A 60er war's bestimmt, vielleicht sogar 65, o mei, ja so ein Trumm.« Eine 60er-Renke ist sehr selten, das ist ein Fisch, der fünfzehn Jahre lang den Netzen der Berufsfischer entgangen ist, den Zähnen der Hechte und den Kormoranen. So einer verdient es, weiterzuschwimmen, natürlich, bis in alle Ewigkeit. Ich bin deshalb überhaupt nicht traurig, es war eine großartige Viertelstunde, und es war wichtig, dass der Moritz die Renke gesehen hat, der Fisch war da, nicht im Boot, aber es zählt fast genauso. Wäre ich, wie sonst immer, allein im Boot gewesen, die Spannung, der große Moment, wäre nicht zu vermitteln gewesen:

»Wie war's?«

»Ach, gut, ich hatte einen dran, das war ein richtig Großer, glaube ich.«

Wir werden weiterangeln, bis es dunkel ist, mit höchster Konzentration, das steht fest, und wir werden diese Viertelstunde immer und immer wieder durchgehen, die entscheidenden Momente in Zeitlupe nacherzählen wie bei einem WM-Finale. Noch lange.

Warum Angeln?

Der fünfte Versuch einer Antwort

Angler sind Glücksexperten. Sie sind es gewohnt, etwas zu tun für das Glück und lange darauf zu warten. Und sie wissen, dass es sich oft auf ganz andere Art und Weise einstellt, als man es eigentlich erwartet hat. Das ist ein Training, das man auch im Leben gut gebrauchen kann.

Angeln ist ewiges Zweifeln und Unsicherheit. Man ist allein da draußen, niemand kann einem sagen, ob das, was man sich wünscht, wirklich aufgeht. Man muss es eben versuchen, sich hineinwerfen, mit allen Zweifeln. Der empfindsame Angler ist sich seiner Unzulänglichkeit bewusst. Er weiß, dass der See, der Fluss, das Meer größer sind als er. Seine Schnur, sein kleiner Haken – eine lächerliche Winzigkeit im Universum. Und doch versucht er es, lässt seinen Köder immer wieder hineintreiben in die große Dunkelheit, steht immer wieder auf, fährt hinaus und fischt. Es könnte ja etwas werden.

Und weil es so oft nichts wird, hat er gelernt, mit Kompromissen glücklich zu sein. Wenigstens ein bisschen Sonne abgekriegt! Wenigstens eine schöne Forelle springen gesehen! Wenigstens einen Tag gehabt, an dem ich ganz bei mir war.

Ehrlich: Angeln ist Glücksschulung.

Noch mal los

Viele Jahre später besuche ich meinen Vater in seinem neuen Leben. Ob ich Angelzeug mitbringen soll, frage ich routinemäßig am Telefon, und er sagt, nach einer kleinen Pause, die bedeutet, dass er lange nicht mehr daran gedacht hat: »Klar.«

Er hat es sich schön gemacht, viel Platz ist da, er sieht frei aus, ist ein bisschen grauer und schmaler geworden, aber auch sonnengegerbt, und die Hände sind immer noch riesige, dunkelbraune Papa-Nussknacker-Hände. Es dauert eine Woche, bis alles andere besprochen ist, erst dann geht es wieder ums Fischen. Ich erzähle von meinem See und von den neuen Methoden, und er unterbricht mich eine ganze Stunde lang nicht, schüttelt nur manchmal den Kopf, denn es ist eben nicht mehr unser Angeln, von dem ich da spreche, es ist jetzt etwas, das ich alleine mache. Aber irgendwas packt ihn doch.

Am nächsten Tag sucht er seine Rutentasche, die in erbärmlichem Zustand ist, und ich merke, wie unangenehm ihm die abgebrochenen Spitzen und festgelaufenen Rollen sind. Zusammen richten wir an einem Nachmittag alles einigermaßen her, ich schenke ihm ein paar Sachen von mir, ich hatte so was schon geahnt und ein paar überzählige Sachen eingepackt. Dann fahren wir an den großen See, zwanzig Kilometer sind es nur. In einem Geschäft verkaufen sie uns eine Angelkarte, es ist kompliziert, wie alles in diesem kleinen Land kompliziert sein muss. Wohin? Da gibt es einen kleinen Segelhafen mit langer Mole, die sei ihm schon immer verdächtig vorgekommen, sagt mein Vater. Er hat seinen alten Schlapphut gefunden, in der Seitentasche seines Angelkoffers, und jetzt trägt er ihn, ich sitze auf dem Beifahrersitz und staune, dass es sich kurz so anfühlt, als wäre keine Zeit vergangen, nicht alles durcheinandergeraten, sondern in der alten Ordnung und mein Vater und ich nur auf einer unserer hundert Angelfahrten. Es ist schön.

Wir stehen auf der Mole, er hat recht, es ist ein guter Platz. Alles funktioniert wie früher, wir finden die Worte wieder, die halben Sätze, die wir immer beim Vorbereiten gesagt haben: »Hast du einen Faulenzer für mich?« – »Mist, da kommt ein Blesshuhn.« – »Ködernadel, bitte!«

Dann angeln wir. Und es ist eben nicht irgendeine komische Zeremonie, ein höfliches Ritual, nein, es ist gleich wieder Angeln, schmutziges, langweiliges, großartiges Angeln. Wir fangen ein paar blasse Weißfische, kämpfen mit dem auflandigen Wind, versuchen es mit Maiszopf, weil wir es immer irgendwann mal mit Maiszopf probieren, seit jenem legendären Karpfenkönigsfischen. Und nach ein paar Stunden haben wir kalte Finger, keine Lust mehr auf die kleinen Weißfische und packen wieder zusammen. Aus dem Augenwinkel sehe ich dabei die vertrauten Bewegungen, wie er seine Tasche schultert, den Rest Mais in den See kippt, mir zunickt. Ich muss aufpassen, jetzt nicht zu heulen.

Auf der Rückfahrt reden wir nicht. Bald werde ich wieder in meiner fernen Stadt sein, und er wird hierbleiben, das ist jetzt eben so. Ich werde wieder allein mit meinem Boot gegen den Wind kämpfen, ich bin ja alt genug. Und wird er manchmal an die Mole gehen?, frage ich. Vielleicht, sagt er.

Der letzte Tag

Der Anker greift nicht mehr. Ich treibe. Der See ist hier vielleicht schon vierzig Meter tief, und der Wind schiebt mich sacht immer noch weiter hinaus. Aber es ist ein freundlicher Wind, der Himmel festblau, und jemand hat die Alpenkette als Scherenschnitt an den Horizont geklebt, ganz nah. Da ist schon Schnee, auf den Gipfeln. Ich treibe, langsam, und mit mir ein paar Ahornblätter in der Farbe von altem Safran, sie treideln eine Weile an meiner Seite und nehmen dann einen anderen Weg hinaus, ach. Es ist Ende Oktober, es ist wahrscheinlich der letzte Tag auf dem See. Die Hechtrute liegt im Bug, aber ich werde sie gar nicht brauchen. Es wäre viel zu viel Bewegung auf der Oberfläche. Nein, das ist es jetzt. Das Wasser hat nach wenigen Metern schon das helle Schwarz des Wintersees, sechzig sind es jetzt unter mir oder achtzig, und nichts kann mich halten. Weit, weit drüben am anderen Ufer läuft ein letztes Segelboot, mastkahl und dünn, mit Motor nach Hause. Kein Tag mehr zum Segeln, keiner für die Hechte. Es war nur ein Mal noch das Gefühl, dorthin zu müssen, wo nichts nach mir ruft. Aber die Renkenschwärme, die Barsche, sie stehen jetzt schon ganz tief, und die Hechte sind ihnen gefolgt. Dorthin, wo das Wasser stets gleich ist und wo niemand sie findet. Es gibt einen Tag auf dem See, an dem der Winter beginnt, und niemand kann ihn vorhersagen. Jetzt ist nichts mehr hier draußen. Nur ein kleines Boot, und der Anker greift nicht mehr.

Der Autor

Max Scharnigg wurde 1980 in München geboren und arbeitet als Redakteur für die *Süddeutsche Zeitung*. Er veröffentlichte das Reisebuch *Hotel Fatal*, die Kolumnensammlungen *Das habe ich jetzt akustisch nicht verstanden* und *Feldversuch*. 2011 erschien sein Romandebüt *Die Besteigung der Eiger-Nordwand unter einer Treppe,* das mit diversen Preisen ausgezeichnet wurde. 2013 folgte der Roman *Vorläufige Chronik des Himmels über Pildau.*